KB203626

사람이 좌절된 교회

믿음이란 한 알의 밀알이 땅에 떨어져 죽음으로 많은 열매를 맺음과 같이 진리의 열매를 위하여 스스로 죽는 것을 뜻합니다. 눈으로 볼 수는 없으나 영원히 살아 있는 진리와 목숨을 맞바꾸는 자들을 우리는 믿는 이라고 부릅니다. 〈믿음의 글들〉은 평생, 혹은 가장 귀한 순간에 진리를 위하여 죽거나 죽기를 결단하는 참 믿는 이들의, 참 믿는 이들을 위한, 참 믿음의 글들입니다.

사람이
좌절된
교회

이재현
지음

추천사

급변하는 시대 속에서 앞으로의 삶과 사역은 이전보다 더 많은 불확실성과 힘든 도전들을 직면하게 되고 그 강도도 더욱 강해질 것이다. 이러한 현실에서 우리에게 주어진 선택은 요나처럼 현실을 외면하고 눈을 감는 것이 아니라, 오히려 현실을 인정하여 끌어안고 나아가야 한다고 저자는 말한다. 그리고 역설적이게도 분열왕국 말기 우울증에 빠진 선지자들에게 하나님이 주신 처방이 고난이었던 것처럼 오늘날 우울증에 빠진 한국교회에도 고난이 주어졌다. 그럼 하나님이 주신 고난 속에서 믿음의 선배들은 무엇을 했을까? 이에 저자는 예레미야 선지자를 이야기하면서 그는 임박한 심판을 부인하거나 애굽으로 도망가는 길 대신 유다 백성들이 바벨론에 붙잡혀 가는 길을 선택했다고 한다. 그리고 그것은 당장 보기에 슬퍼 보이고 힘들어도 그 길이 오히려 살길이며 희망의 길이라고 이야기하고 있다.

고난을 직면하는 것이 해답이라 할 때 그 이면에는 분명한 하나님에 대한 믿음이 있다. 고난 속에서도 하나님께서 영원히 버리지 않으실 것이라는 믿음. 이에 지금은 힘들어도 마침내는 그 풍부하신 인자하심대로 우리를 긍휼히 여기실 것이라는 분명한 믿음을 가지고 이 암울하고 힘든 현재를 버티며 이겨 낼 것을 이야기하고 있다.

이 책을 덮으면서 그동안 막연하게 느껴 왔던 한국교회의 문제들을 더 자세히 보게 되었다. 그리고 우울증에 빠진 교회와 나라를 위해 선지자들이 어떠한 일들을 감당해 왔는지를 보게 되면서 스스로 그러한 눈물의 선지자가 되어야겠다고 다짐해 보게 된다. 그러므로 이 책은 우울증에 빠진 것도 모르고 사는 한국교회에 주는 엄청난 도전이라고 생각하며 이 책을 감히 한국교회와 크리스천들에게 추천한다.

김범석   더좋은세상교회 담임목사, 사단법인 PPL 이사

인간의 가장 내면적인 정서가 밝은 긍정성으로 충만한가? 아니면 암울한 어둠의 부정성으로 가득 차 있는가? 그것은 한 사람의 삶뿐만 아니라, 그가 속한 주위 환경과 현실을 변화시키는 강력한 힘이다. 이재현 교수는 이 책에서 성경에 나타난 예언자들, 특히 엘리야의 탈진에 따른 우울증 증세를 한국교회의 영적 지도자들과 비교한다. 특히 성장과 성공 지향적이었던 한국교회의 특성에 대해 데이터를 제시하면서 비판한다. 그 속에 하나님이 아니라, 바알적인 우상숭배가 있음을 지적한다. 그리고 어떻게 하나님과 말씀을 대망하면서 한 인간과 신앙 공동체인 교회가 회복될 수 있는가를 알려 준다.

오늘 한국교회에 발생하는 공동체의 위기를 구약의 예언자들이 경험했던 우울증이라는 관점으로 꿰뚫어 볼 수 있는 혜안이 매우 놀랍다. 당대 시대적 상황에 고통스럽게 응답한 예언자들의 이야기를 우울증의 각도에서 풀어내며 지금 한국교회를

무겁게 짓누르고 있는 영적 우울증에서 해방되어야 할 것을 촉구한다. '하나님과 그 말씀만을 사모하는 열심'을 통해 우울증에 걸린 한국교회에 새로운 영적인 활력을 불어넣기를 사모하고 있다. 이런 위기적 현실에 공감하는 사람들에게 이 책을 기쁨으로 추천한다.

김지철   미래목회와말씀연구원 이사장, 전 소망교회 담임목사

최근의 한국사회와 교회의 현실을 보면서 무거운 마음으로 종종 묵상했던 말씀은 "… 양식이 없어 주림이 아니며, 물이 없어 갈함이 아니요, 여호와의 말씀을 듣지 못한 기갈이라"라는 아모스(8:11-13) 말씀이었다. 그러나 이 책의 원고를 읽고 마지막 장을 덮으며, 옛날 북이스라엘 아합왕 시대의 3년 기근이 끝남을 알리는 희망의 구름 한 조각(왕상 18:44)을 만났다는 느낌이 들었다.

저자는 대한민국의 심각한 사회 현상으로서 우울증과 자살률이 급증한 현실을 우리는 어떻게 해석하고, 교회는 어떠한 답을 해야 하는가에 대한 물음으로 글을 시작하였다. 우선 엘리야 이야기에서 모세의 모델과 사무엘의 모델을 읽어 내면서, 그 당시 고대 서아시아 지역의 국제정세를 반영한 본문 해석의 시도뿐만 아니라, 한 걸음 더 나아가 현실에 대한 실제적 분석을 토대로 현대 목회자들의 고민과 자아 성찰의 건전한 방향성을 논의하였다. 이 과정에서 구약본문에 비추어 한국교회와 지도

자들의 과거 역사와 미래를 위한 생각을 열어 가는 내용은 저자의 탁월함이 느껴지는 부분이었다.

또한 요나서 해석에서 은둔형 외톨이와 욜로족의 문제를 발견할 수 있도록 본문을 풀어 나갔으며, 성경본문과 한국 및 세계 교회의 역사와 우리 시대의 현상에 대한 설득력 있는 비교 분석을 시도하면서 앞으로 나아갈 교회와 그리스도인의 길을 심리학자와 목회자의 혜안을 가지고 제시하는 전문가적인 제안(네트워크, 공동체의 중요성, 축복의 사람으로서 그리스도인의 선지자적 사명 등)은 이 시대를 위한 희망의 메시지로서 충분한 의미를 가질 수 있을 것이다.

김진명　　장로회신학대학교 목회전문대학원장, 구약학 교수

이재현 목사의 《사람이 좌절된 교회》는 잘 짜여진 장인의 비단같이 느껴지는 책이다. 엘리야, 엘리사, 요나, 예레미야, 다니엘 선지자들의 시대 상황을 현재 한국교회와 비교하면서 선지자들이 고난 속에서 절망과 우울감을 떨쳐버리고 자신의 사명을 수행하는 모습을 심리적이고 성경적인 관점에서 해석하고 있다. 이를 바탕으로 현 시대적 상황 속에서 심한 우울증을 겪고 있는 목회자들에게 미래의 전망이 어둡지만 어떻게 그것을 헤쳐 갈 것인지 제시하고 있다.

이 책은 앞으로 한국교회의 전망이 암울하다고 하지만 선지자들이 하나님께서 처방하신 고난의 잔을 들고 용감히 전진한

것 같이 오늘날 목회자들 역시 하나님의 얼굴을 사모하는 열심으로 힘든 상황을 돌파해 갈 것을 권면한다. 또한 현실을 하나님의 말씀으로 분별하면서 가난한 자들과 함께하는 공동체를 지향할 때 결국 승리하게 될 것을 강조하고 있다.

우리 모두 집단감염에 걸린 시대적 우울증 환자들일지 모른다. 이 까닭은 교회성장시대에 부름 받고 교회퇴조시대의 한복판을 걸어가고 있기 때문이다. 그럴수록 우리는 우리의 허상들을 내려놓고 본질을 붙잡을 때 하늘로부터 임하는 기쁨을 맛보게 될 것이다. 이 책을 읽고 나면 "위기를 새로운 기회로 만들리라", "무너진 곳을 막아서는 자가 되리라" 다짐하는 목회적 야성이 솟구치게 될 것이다.

정성진　　거룩한빛광성교회 은퇴목사, 현 크로스로드선교회 대표

프롤로그　엠마오 마을로 가는 두 제자

장신대 부임을 앞두고 기도하던 8년 전 하나님께서 내게 깊이 묵상하도록 이끄신 본문이 누가복음 24장 13-35절이었다. 바로 엠마오 마을로 가는 두 제자와 그 곁으로 와 함께 걸으시던 예수님의 이야기이다.

엠마오 마을로 낙향하는 두 제자는 옆에 와서 그들과 함께 걷는 분이 예수이신 것을 깨닫지 못했다. 그 이유는 "슬픈 얼굴빛"(눅 24:17)에 드러나듯 그들 안에 가득한 우울함이었다. 이 우울함 때문에 "그들의 눈이 가리어져서"(눅 24:16) 예수님을 알아보지 못했던 것이다. 8년 전 당시 나는 이것이 어쩌면 오늘날 한국 목회자들과 신학생들의 모습일지 모른다고 생각했다. 그리고 지금은 더욱 확실히 그렇다고 생각한다. 한국교회의 기성 목회자들이나 신학생 모두 엠마오 마을로 가던 제자들처럼 얼굴빛이 어둡다. 어느 정도 우울증을 겪고 있다고 해도 과언이 아니다.

하나님께서는 이러한 한국 목회자들, 신학생들과 함께 걷는 길로 지금까지 나를 인도해 오셨다. 그런데 나 역시 앞이 안 보이는 이 길 가운데 우울감을 겪는 목회자 한 사람으로서 스스로 묻는다. 이 길 가운데 함께 걷고 계시는 예수님은 과연 무엇이라 말씀하시는가? 지금 우리가 걷는 이 길은 과연 그분의 뜻을 따르는 길인가? 그렇지 않다면 그의 뜻에 따라 새롭게 나아가야 할 길은 어디인가?

엠마오 마을로 가는 두 제자

요컨대 엠마오 마을로 가는 제자들이 우울함에 사로잡혀 있던 까닭은 현실 자체보다 현실을 바라보는 시각의 문제였다. 예수께서 함께 걸으시며 그들을 치유하신 방법은 그러한 눈을 고쳐서 현실을 새롭게 보게 하신 것이다. 예수님의 치유에서 또 주목할 것은 바로 성경의 이야기를 통해 그렇게 하셨다는 점이다. 제자들이 암울하고 절망적이라고 여긴 현실을 성경의 이야기를 통해 새롭게 발견하도록 도우신 것이다. 특히 현재의 고난이 끝이 아니라 그리스도의 영광을 나타내기 위한 과정이라는 점을 깨닫게 하셨다.

이 책을 통해 한국 목회자들, 성도들과 나누고 싶은 이야기도 그런 것이다. 어쩌면 오늘날의 문제도 현실 자체가 아니라 현실을 보는 눈이 아닐까? 반복해서 성경을 읽지만 여전히 우리의 눈은 현실에 대한 고정관념에 사로잡혀 있지 않은가? 어쩌면 그래서 저 엠마오 마을로 가던 두 제자들처럼 이것이 끝이라는 절망에 사로잡혀 있지 않은가?

지난 수년간 내가 붙잡고 씨름해 온 성경본문, 그러면서 지금의 한국교회를 비춰 보는 거울로 삼고자 했던 본문이 바로 열왕기서와 선지서에 나오는 선지자들의 이야기이다. 그들은 우리와 마찬가지로 매우 인간적인 사람들이었다. 우울과 절망에 사로잡혔던 사람들이었다. 그리고 비단 그들의 우울증만 아니라 시대 상황도 지금과 매우 비슷했다. 매우 빠르게 변화하는 시대였고 그 속에서 어디로 가야 할지 몰라 힘들어하고 있었다. 그래서 나는 그들을 더 깊이 이해함으로 우리 자신을 잘 이해하고, 그들과 함께하신 하나님을 봄으로써 지금도 함께하시는 그분을 만날 수 있으리라 생각하게 되었다. 이 책은 지난 3, 4년간 연구한 성경본문에 현실을 비춰 보려고 애쓰며 발견한 것들을 모아 정리한 것이다.

나는 심리학자라고 할 수 있지만 엄밀히 말해 성경학자는 아니다. 그런데 이 책은 심리학보다는 성경에 관한 이야기다. 물론 성경은 하나님에 대해서만 아니라 인간의 삶에 대해 이야기하는 책이다. 나는 성경에서 인간의 삶의 문제를 깊이 이해하는 것이 하나님의 말씀을 듣기 위한 중요한 길이라 생각한다. 그래서 이 책은 서로 나누어 볼 수 없는 인간의 삶의 문제와 하나님 말씀을 함께 조명해 보려는 노력이라 말하고 싶다. 혹여 성경에 조예가 깊은 독자가 이 책의 내용 중 부정확하거나 비정통적인 성경

해석 등을 발견한다면 지적과 조언을 아끼지 말아 주기 바란다. 집필하면서 늘 바라는 바는 이 책이 결론이 아니라 새로운 대화의 출발점이 되는 것이다.

끝으로 이 책이 나오기까지 도움을 주신 분들에게 감사를 전하고 싶다. 출간을 앞두고 가장 먼저 떠오른 분들은 장로회신학대학교의 동료 교수들과 신학생들, 그리고 생명의빛광성교회와 물댄동산수림교회 교우들이다. 사실 이 책의 기초가 된 것은 장로회신학대학교 채플과 내가 섬기는 두 교회에서 했던 설교들이었다. 부족한 사람의 설교에도 깊이 호응해 주시고 소중한 피드백과 격려를 아끼지 않았던 분들이 있었기에 그분들을 포함한 더 많은 이들과의 계속적인 대화를 꿈꾸며 이 책을 시작할 수 있었다.

또한 어쩌면 미간행원고로 묻힐 수 있었던 책을 선택해 출간의 빛을 보게 해주신 홍성사 정애주 대표님과 직원 여러분께 깊이 감사드린다. 더불어 이 책을 읽어 주시고 기꺼이 추천의 글을 써 주신 미래목회와말씀연구원의 김지철 목사님, 크로스로드선교회의 정성진 목사님, 장로회신학대학교 김진명 교수님, 더좋은세상교회 김범석 목사님께도 감사드린다. 마지막으로 감사를 표현하지 않을 수 없는 분은 이 책을 구상하고 집필하게 하셨으며 나오기까지 모든 과정을 인도해 주신 하나님께다. 이후로도 나의 삶과 한국교회의 앞길을 주관하시며 우리 생각보다 크신 뜻을 이루어 가실 하나님께 감사와 찬양을 올려드린다.

포스트코로나 한국교회의 새로운 도약을 기원하며

2022년 6월

이 재 현

차례

7. 절망하지 않는 세대

8. 세상을 위한 종

1

교회의

위기와

우울증

목회자인 제가 부족해서?

2017년 대한예수교장로회 합동측 목회자 500명을 대상으로 실시한 "목회자 의식 조사"에 따르면 "목회 시 가장 큰 어려움은?"이라는 질문에 가장 많은 목회자(38.6퍼센트)의 대답은 "목사 개인의 자질(역량) 부족"이었다. 그다음으로는 "교회의 양적(규모) 성장"의 어려움을 꼽았다(20퍼센트).[1] 가장 많은 목회자들이 목회의 어려움을 자신의 자질 부족 때문이라 한 것은 목회자다운 겸손을 보여 주는 대목이라 할 수 있다. 그러나 이것이 진정 그들의 어려운 목회 현실을 타개해 나가기 위해 가장 바람직한 관점이냐 하는 것은 또 다른 문제이다.

위의 설문조사와 흥미로운 대조를 이루는 것이 미국의 교회성장학자 톰 레이너Thom. S. Rainer가 제시하는 "오늘날 목회가 어려운 열 가지 이유"이다.[2] 그는 다음의 열 가지 이유를 꼽는다. ①소셜미디어의 출현 ②팟캐스트 목회자들(즉 동영상 설교의 범람) ③목회자에 대한 존경심 감소 ④교회 내 세대 갈등 ⑤리더십에 대한 과도한 기대 ⑥프로그램 중심 목회의 한계 ⑦뜨내기 교

---

1   조준영 기자, "(지령 2000호 기념 목회자 의식 조사) 목회자 자질, 목회 어려움", 〈기독신문〉, 2015. 2. 26, https://www.kidok.com/news/articleView.html?idxno=90505

2   Thom. S. Rainer, "Ten reasons it is more difficult to be a pastor today", Church Answers, May, 1, 2017, https://churchanswers.com/blog/ten-reasons-difficult-pastor-today/comment-page-1/

인들의 증가 ⑧문화적 변화 ⑨교인들의 실망감 ⑩목회자와 교인들 사이의 의사 불일치.

우선 레이너의 진단에서 미국과 한국교회의 현실이 크게 다르지 않음을 발견할 수 있다. 이 점은 레이너의 또 다른 기고문, "교회 목회자가 겪는 열 가지 어려움"에서도 동일하게 확인할 수 있다.[3] 열 가지 어려움은 ①시간의 부족 ②과도한 기대 수준 ③정서적 탈진 ④만능 수리공 신드롬(즉 목회자가 교회의 모든 문제를 해결해야 한다는 생각) ⑤힘든 교인들에게 시달림 ⑥교인들의 노령화 ⑦의사소통의 실패 ⑧목회자에게 전부 내맡겨진 교인 돌봄 ⑨과중한 심방사역 ⑩이중직에 내몰리는 현실이다.

레이너의 진단과 위 〈기독신문〉의 "목회자 의식조사"를 비교해 보면 양자의 차이는 단지 원인을 목회자 자신과 상황 어디에서 찾느냐일 뿐 어느 쪽이 옳거나 그른 답은 아니다. 그러나 문제의 원인을 어디서 찾는지에 따라 해법 역시 달라질 수밖에 없다.

이미 언급한 대로 목회가 어려운 원인을 바깥 상황보다 목회자 자신에게서 찾는 것은 바람직하고 타당한 면이 있다. 그것은 외부보다 자기 자신부터 변화시키는 것이 더 가까운 실천 가능한 방안이라는 이유 때문이며, 목회자가 먼저 모범을 보임으로써 교회 전체를 변화시킬 수 있기 때문이다. 그런데 이렇게 타당한 생각들 이면에는 두 가지 '맹점'이 숨어 있다. 첫째, 목회자 자

---

3   Thom. S. Rainer, "Ten common pastoral care challenges pastors face", Church Answers, May. 22, 2019, https://churchanswers.com/blog/ten-common-pastoral-care-challenges-pastors-face/

신의 한계를 보지 못하는 맹점이다. 시간의 부족, 과도한 기대, 정서적 탈진 등에도 불구하고 문제는 여전히 목회자 자신의 자질 부족이라 생각하는 것은 어쩌면 겸손이 아니라 자신을 그 주변의 '과도한 기대'에 따라 너무 과대하게 생각하고 있는 것일지 모른다. 또 한 가지 맹점은 그런 생각이 현실의 변화를 충분히 직시하지 못하는 것일 수 있다는 점이다. 소셜미디어의 홍수, 교회의 권위 실추, 세대 갈등, 교인들의 소속감 상실 등 표면적 현상 이면에서 일어나고 있는 더 근본적인 변화를 직시하지 못하는 것일 수 있다.

기술적 문제와 적응적 문제

미 하버드대학교 교수들로 캠브리지 리더십 협회Cambridge Leadership Associates 공동설립자인 로널드 하이페츠Ronald A. Heifetz와 마티 린스키Marty Linsky는 그들의 공저《실행의 리더십》*Leadership on the Line*에서 오늘날 각종 사회조직이나 공동체 리더들이 봉착하는 현실적 문제를 두 가지로 구분한다. 첫째는 '기술적 문제'technical challenges이다. 이것은 비록 어려움이 있더라도 기존의 노하우나 해결 방안들을 잘 적용하면 극복 가능한 문제를 의미한다. 목회를 예로 들면 목회자가 열심히 예배를 준비하거나 각종 프로그램 등을 제공하여 침체됐던 교회에 활기를 다시 불러일으킨 경우, 원래 그 문제는 기술적 문제에 가까웠다고 볼 수 있다.

그런데 하이페츠와 린스키에 따르면 이처럼 기존의 노하우와 해결 방안만으로 해결이 안 되는 문제가 있다. 그들은 이러한 문제를 '적응적 문제'adaptive challenges라 부른다. 그 이유는 이러한 문제가 기성의 권위자나 해법만으로는 잘 해결이 안 되고 "여러 방면에서 새로운 실험과 적응을 통해 새로운 방식들이 습득되고 그것이 조직 안에 체득되는" 재적응의 과정이 필요하기 때문이다.[4] 하이페츠와 린스키에 따르면 이러한 적응적 문제는 처음에 흔히 기술적 문제와 혼동되는 경향이 있다. 두 저자는 이로 인해 초래되는 위험들에 대해 다음과 같이 경계한다.

23

변화의 초기 단계에 변화 후의 상황이 기존의 상황보다 나아질 것이라는 것을 깨닫는 사람은 드물다. 오히려 먼저 눈에 띄는 것은 잠재적인 손실의 가능성이다. 그래서 대부분 이 귀찮은 변화 과정을 피할 수 있는 데까지 피하려고 한다. 즉 변화를 뒤로 미루거나 그 부담을 다른 사람에게 떠넘기거나 누군가의 도움을 기다리기도 한다. 변화는 꼭 이루어야겠는데 변화의 공포가 너무 클 때는 오히려 권위자에게서 답을 구하려고 한다. 이러한 역학 구조가 적응적 문제를 기본적으로 위험한 것으로 만든다.

조직의 구성원들이 책임자나 리더에게 변화의 도전에 대한 손쉬운 해결책을 기대할 때 그 조직은 제대로 발전할 수 없다. 그들이 책임자나 리더에게 당연히 방법이 있을 것이라고 생각한다면 리더는 엄청난 압박과 부담을 느낀 나머지 짐짓 자신이 그 해결책을 가진 것처럼 가장하거나 그러다가 결국 사람들에게 더 큰 실망을 안겨 주게 된다. 그렇게 되면 사람들은 새로운 리더가 문제를 해결해 줄 것이라고 믿고 기존의 리더를 몰아낸다. 사실 변화를 자연스럽게 받아들이게 하려면 위험의 정도도 그에 비례해서 커진다. 위험성과 적응적 문제 사이에는 어느 정도 비례의 법칙이 적용되는 것이다. 적응적 문제가 크면 클수록 새로운 상황을 더 많이 접해야 하기 때문에 저항은 더욱 커지게 되고 결과적으로 리더는 더 큰 위험에 처하게 된다. 이 때문에 사람들은 그 위험을 피하기 위해 부지불식간에 귀찮지만 그들이 감당해야 하는 그 적응적인 문제를 단순한 기술적

4   Ronald A. Heifetz and Marty Linsky, *Leadership on the Line: How to Stay Alive through the Dangers of Leading*, 임창희 옮김, 《실행의 리더십》(위즈덤하우스, 2006), 30.

문제처럼 대한다. 바로 이것이 진정한 리더십보다 구태의연한 조직 관리방식이 더 빈번히 나타나는 이유이다.[5]

이상의 설명을 한국교회 현실에 대입해 보면서 가장 먼저 떠오른 생각은 한국교회 교인들의 '과도한 기대'에 대해서이다. 그것이 바로 새로운 상황에서 위기를 느낀 사람들이 그들의 리더에게 "도전에 대한 손쉬운 해결책을 기대"하는 현상이 아닌가 하는 것이다. 또한 현재 한국교회에서 목도하고 있는 것이 그 리더인 목회자들이 "엄청난 압박과 부담에 눌린 나머지 짐짓 자신들이 그 해결책을 가진 척 가장하거나 그러다가 결국 사람들에게 더 큰 실망을 안겨 주는" 것 같은 현상이 아닌가 하는 점이다. 또 그렇게 되자 사람들이 "새로운 리더가 문제를 해결해 줄 것이라 믿고 기존의 리더를 몰아내는" 현상을 보고 있지 않은가 하는 것이다. 과연 한국교회에서 흔히 보게 되는 현상은 사실상 위기는 증대하는 데 반해 "사람들은 그 위험을 피하기 위해 부지불식간에 그들이 감당해야 하는 그 적응적 문제를 단순한 기술적 문제처럼 대하는" 모습이다.

어쩌면 목회의 어려움이 자신의 부족 때문이라 답하는 목회자들에게서도 이렇게 "적응적 문제를 단순한 기술적 문제처럼 대하는" 태도를 보고 있는지 모른다. 즉 목회가 어려워진 이유가 교인들이 우러러볼 만큼 충분히 훌륭하거나 많은 지식을 갖

---

5 앞의 책, 30-31. '혁신적 변화'(adaptive challenges)를 원어의 의미를 살려 '적응적 문제'로 재번역하는 등 번역서의 번역을 일부 수정하여 인용했다.

추지 못했기 때문이라는 생각이 그런 태도일 수 있다. 또는 더 많이 설교 준비를 못하거나 전도프로그램을 못해서 교회가 부흥하지 못한다고 생각하는 것 역시 마찬가지이다. 이러한 현실 분별의 실패로 초래되는 문제는 교회공동체의 위기 이전에 먼저 목회자 자신의 내적 위기이다. 즉 에너지 고갈과 정서적 탈진, 강박적 불안과 우울증, 또 이것을 회피하기 위한 각종 중독 행위 등이 그런 것이다.

우울한 사람들

교회만 아니라 한국사회 전반이 현실 위기 대응에 실패하고 있음을 보여 주는 가장 뚜렷한 지표 중 하나가 세계 최고수준의 자살률이다. 자살률이 높은 것은 많은 사람들이 변화에 적응하는 새로운 삶의 방식을 찾지 못하고 있음을 시사한다. 다시 말해 오늘날 한국사회의 자살이 상당 부분 에밀 뒤르켐Emile Durkheim이 말한 '아노미적 자살'anomic suicide에 해당한다는 의미이다. '아노미적 자살'이란 급변하는 사회에 부합하는 새로운 삶의 방식(규범)을 찾지 못하는 사람들이 결국 절망적으로 선택하는 자살을 지칭한다. 뒤르켐에 의하면 이러한 아노미적 자살은 사람들의 욕망은 계속 증폭되는 반면 현실은 그것을 채워 줄 수도, 그렇다고 제어할 수도 없는 상황에서 급증하는 자살이다.[6]

자살과 더불어 현재 한국사회가 적응적 위기 대응에 실패하고 있음을 보여 주는 또 하나의 두드러진 사회현상이 바로 우울증이다. 현재 한국사회에는 세대와 계층을 막론하고 수많은 사람들이 우울증을 앓고 있다. 기독교인들 역시 예외가 아니다. 일본의 심리학자 사이토 다마키斉藤環는 일부 개인의 문제가 아니라 사회 전반에 걸쳐 나타나는 우울증을 '사회적 우울증'이라 지

---

6 Emile Durkheim, *Le Suicide*, 황보종우 옮김, 《(에밀 뒤르켐의) 자살론》(청아출판사, 2008), 314-315.

칭했다.[7] 한국사회에도 이러한 '사회적 우울증'이 만연하고 있다. 그런데 이것이 단순히 개인적 현상이 아니라 하나의 사회적 현상이라면 대체 어떤 종류의 사회적 원인으로 말미암는가? 또 다른 일본의 심리학자 가타다 다마미片田珠美는 십여 년 전 일본사회에 만연한 우울증을 진단하기를 "성장이 멈춘 시대에 그렇게 성장이 멈추었다는 사실을 받아들이지 않는" 사람들이 겪는 우울증이라고 지적한 바 있다.[8] 요컨대 '성장'이라는 가치에 투영된 사람들의 욕망이 현실에서 거듭 좌절됨으로 말미암아 초래되는 현상이 바로 지금 한국사회의 우울증이라는 것이다.

과연 지금의 한국사회를 보면 여러 분야에서 '성장'의 기관차가 멈춰 선 것을 볼 수 있다. 이와 더불어 '내일은 오늘보다 나을 것'이라는 이제까지 당연시됐던 믿음이 더 이상 당연하지 않은 것이 되어 버렸다. 그래서 많은 한국인들은 어찌할 바를 모른 채 우울증에 빠져 있다. 한국교회 목회자들과 교인들도 예외가 아니다. 혹자는 교회가 추구해 온 '성장'이 세상이 말하는 성장과 다르다 강조하고 싶을지 모른다. 그러나 일단 현상적으로 볼 때 '성장'을 추구하다 좌절해서 우울증에 빠진 양상은 일반사회나 교회에 동일한 현상이다. 현재 한국교회에 나타나는 우울증을 좀 더 구체적으로 살펴보기 위해 크게 다음의 세 가지 유형으로 그것을 나누어 볼 수 있다. '현실 부정의 우울증', '현실 회피의 우울증', 그리고 '현실에 짓눌린 우울증'이 그것이다.

7   齋藤環, 社会的うつ病, 이서연 옮김,《사회적 우울증》(한문화, 2012), 47.

8   片田珠美, 一億總うつ社会, 전경아 옮김,《배부른 나라의 우울한 사람들》(웅진지식하우스, 2016), 204.

현실 부정의 우울증

첫 번째 유형은 '현실 부정의 우울증'이다. 이것은 위에서 설명한 것처럼 변화된 현실을 있는 그대로 직시하지 못하고 기존의 가치와 방식을 그대로 고집하는 사람들의 우울증이다. 한국교회의 경우 이런 유형의 사람들이 이제까지 추구해 온 가치의 중심에는(사실상 전혀 다른 의미인데도 불구하고) '부흥'이란 말로 지칭되는 양적 성장이 있다. 요컨대 이러한 양적 성장을 최고가치로 여기며 추구해 온 한국교회가 "성장이 멈춘 시대에 그렇게 성장이 멈추었다는 사실을 받아들이지 않는 사람들"[9]의 우울증을 겪고 있다. 이 같은 우울증을 겪고 있는 사람들은 누구보다 이제껏 한국교회를 이끌어 온 목회자와 지도자들이다.

이제까지 한국교회의 성장을 도모해 온 사람들, 또 그런 성장을 한때 경험하기도 했던 사람들이 우울증에 빠져 있는 이유는 단지 교회의 성장이 멈추었기 때문만이 아니다. 더 깊은 이유는 하나님이 더 이상 그들과 함께하시지 않는 것처럼 느껴지기 때문이다. 그들이 믿는 하나님은 '부흥'의 하나님이다. 바로 그 하나님이 과거 전쟁과 가난에 허덕이던 이 나라를 한강의 기적으로 이끄신 것처럼 그들의 시대에도 동일한 기적을 이루어 주실 것을 굳게 믿으며 이제껏 살아왔다. 또한 기적을 스스로 실현

---

9   앞의 책, 204.

하기 위해 모든 최선의 방법과 전략들을 동원해 왔다. 그런데 그렇게 해온 많은 교회들이 경험하는 현실은 침체와 마이너스성장이다. 그들에게 부흥을 주시는 하나님이, 능치 못하심이 없는 하나님이 그들이 믿는 그 부흥을 주지 않으실 리 없다는 확신이 도리어 현실을 더욱 받아들이기 어렵게 만든다. 결국 그들이 갖는 결론은 어떤 이유로 하나님이 함께하시지 않거나 사실상 그들을 외면하셨다는 것이다. 그래서 그들은 혼란과 좌절에 빠져 있다.

이처럼 교회 리더들이 빠진 혼란과 좌절은 무엇보다 그들이 가진 신학의 문제임을 알 수 있다. 다시 말해 그들의 하나님이 어떤 하나님이며 지금 세상 속에서 어떤 일을 하고 계시느냐에 관한 이해와 관련이 있다. 이러한 그들의 신학은 더 나아가 이 땅에서 사명이 무엇이며, 그것을 위해 할 일이 무엇인지에 대한 믿음과도 연결되어 있다. 실상 그들이 좌절을 느끼는 이유는 현실 속에서 취한 전략이나 방법이 더 이상 유효하지 않기 때문이고, 기대한 만큼 결과가 나타나지 않기 때문이다. 그런데 그들은 이것을 하나님의 부재不在로 경험한다. 그들이 아는 하나님 외에 다른 하나님이 있을 수 없기 때문이다. 그들은 하나님이 변할 수 없는 것처럼 그들의 목표나 방법도 달라질 수 없다고 생각한다. 때문에 변화된 현실에 적응하는 새로운 방식을 찾지 못한다.

이처럼 현실에 적응하지 못하는 교회 리더들이 빠져 있는 우울증은 자아 상실로도 이어진다. 부흥을 주시는 하나님은 이 땅에서 그 일을 실현하는 그들의 자아상과 연결되어 있다. 교회의 성장이 교회 리더인 자신의 자아 실현과 연결되어 있다. 이것은 역으로 교회 성장의 둔화와 침체가 자아 상실로 귀결될 수밖에 없다는 의미이다. 이 때문에 그들이 겪는 우울증은 곧 "되고 싶은 자기"와 "현실의 자기" 사이의 괴리로 인해 발생하는 우울증이다.[10] 다시 말해 그들의 자기애적 욕구가 좌절됨으로 인해 발생하는 우울증으로, 이것은 애초에 꿈꿔 온 '부흥'이 많은 부분 자기애적 욕구의 투영이었음을 시사하는 것이다.

세상 사람들이 사회적 성공에 자기애적 욕구를 투영하듯 교회 목회자들과 교인들은 교회의 부흥에 자기애적 욕구를 투영한다. 그런데 그런 '부흥'이 좌절되자 결과적으로 자기애도 좌절되어 모두 함께 우울증에 빠지고 만다. 그렇지만 여기서 기억해야 하는 것은 실제로 현실에서 좌절된 것은 그들이 꿈꾼 부흥이지 진정한 하나님의 부흥이 아니라는 사실이다. 그리고 그런 좌절로 인해 우울증에 빠진 사람들이 보지 못하는 것은 비단 변화된 현실만 아니라 그 속에서 전개되고 있는 진정한 하나님의 현실이다.

---

10   앞의 책, 5.

현실 회피의 우울증

한국교회에 널리 퍼져 있는 또 다른 우울증에는 '현실 회피의 우울증'이 있다. 현실 부정의 우울증이 상대적으로 보수적인 기성세대에서 많이 나타난다면, 현실 회피의 우울증은 기성세대가 가진 가치나 방식 등에 대해 냉소적인 젊은 세대에서 많이 나타난다. '헬조선', '열정페이', '희망 고문' 같은 신조어들이 바로 이런 기성 현실에 대한 냉소를 표현한다. 현실에 대한 냉소나 허무주의가 젊은 세대의 우울증을 특징짓는 요소라 할 수 있다.

소위 '가나안 성도'라 지칭되는 사람들 가운데 현실 회피의 우울증이 가진 특징이 많이 발견된다. 2018년 21세기교회연구소와 한국교회탐구센터가 공동 주최한 "가나안 성도 신앙생활탐구"에 의하면 조사 대상의 31.2퍼센트가 교회 이탈 이유를 "교회 출석 욕구의 부재"로 꼽았다.[11] 교회에 갈 마음이 없다는 이 응답의 의미는 한국기독교목회자협의회(한목협)가 2017년에 실시한 조사 결과와 비교해 볼 때 좀 더 분명해진다. 이에 따르면 조사 대상의 44.1퍼센트가 그들이 교회에 가지 않는 이유를 "구속받기 싫어서"라 대답했고, "목회자들에 대해 좋지 않은

---

11 정재영, "가나안 성도 신앙의식 및 신앙생활 조사 발표", 〈가나안 성도 신앙생활 탐구: 2018 연구 세미나〉(실천신학대학원대학교 21세기교회연구소, 한국교회탐구센터, 2018. 12. 3), 14, http://tamgoo.kr/board/bbs/board.php?bo_table=a_project_1_2&wr_id=95&wr_1=

이미지가 있어서"(14.4퍼센트), "교인들이 배타적이고 이기적이어
서"(11.2퍼센트) 등의 대답이 뒤를 이었다.[12] "구속받기 싫어서"와
"교회의 부정적 요인"이라는 이 두 가지 이유는 사실상 서로 연
결되어 있는 것이다. 즉 가나안 성도의 대다수가 교회에 대해 부
정적 인식이 있기 때문에 그런 교회에 구속받을 필요를 못 느낀
다고 대답하고 있는 것이다.

　이러한 결론은 최근 "2021 기독 청년들의 신앙과 교회 인식
조사"에 의해서도 뒷받침된다. 이 조사에 따르면 조사 대상인
2030세대 기독 청년의 무려 44.2퍼센트가 "향후 교회에 안 나갈
것 같다"고 대답했으며,[13] 그들이 교회에 불만족하는 이유로 "교
회 지도자들의 권위주의적인 태도"(34.9퍼센트), "시대의 흐름을
좇아가지 못하는 고리타분함"(31.4퍼센트) 등을 꼽았다.[14] 역시 그
들이 기성교회에 가진 부정적 인식 때문에 교회로부터 멀어지
고 있음을 보여 주는 것이다.

　이상의 조사에 의할 때 우리는 한국교회 젊은이들이 겪는 우
울증이 기성세대와는 다소 다른 원인에 기인하는 것임을 추정
할 수 있다. 기성세대의 우울증이 그들이 믿고 추구해 온 바가
생각대로 이루어지지 않는 데 기인한다면, 젊은 세대의 우울증

12　한국기독교목회자협의회, 《한국기독교 분석리포트: 2018 한국인의 종교생활과 의
　　식 조사 1998~2018》(도서출판 URD, 2018), 82.

13　정재영, "코로나19, 청년, 기독교(1): 변화하는 청년들의 안과 밖", 〈코로나 시
　　대, 기독 청년들의 신앙생활탐구: 2021 기독 청년의 신앙과 교회 의식 조사 세미
　　나〉(21세기교회연구소, 한국교회탐구센터, 목회데이터연구소, 2021. 1. 26), 24,
　　http://www.tamgoo.kr/board/bbs/board.php?bo_table=b_resources_2_1&wr_
　　id=140&wr_1=

14　앞의 논문, 26.

은 그런 기성세대의 신념과 목표에 애초부터 동조할 의지가 없다는 사실과 관련된다. 이것은 곧 한국교회 청년 세대의 허무의식과 우울증이 신념의 좌절이 아니라 신념의 부재에 기인하고 있다는 것을 의미한다. 그들은 기성세대의 신념을 공유하지 않지만 그렇다고 나름의 확고한 신념이나 가치관이 있는 것도 아니다.

교회를 떠나는 청년들이 아직 기성세대와 분명히 구별되는 자기 신념이나 가치관을 갖지 못했다는 점은 그들의 신앙이 기성교회의 교리에서 크게 벗어나지 않는 점을 보아도 알 수 있다. 다시 앞의 "2021 기독 청년들의 신앙과 교회 인식 조사"를 보면 2030세대 기독 청년들 중 다수(32.6퍼센트)가 그들의 신앙의 이유를 "구원과 영생을 얻기 위하여"라고 대답했다.[15] 물론 이것은 기독교의 기본교리를 표명한 것이기도 하지만 한편으로 그들이 기성세대의 신앙관을 크게 벗어나지 못한다는 점을 시사하기도 한다. 아마도 조성돈의 지적처럼 그들 대부분의 신앙이 "가정종교"의 신앙이기 때문일 것이다.[16]

그런데 아이러니한 점은 '구원과 영생'을 그렇게 중요한 가치로 꼽은 이들 중 거의 절반이 향후 그런 구원과 영생의 가르침을 준 교회를 떠나겠다고 답한 점이다. 그들은 부모가 믿는 하나님을 소극적으로 믿기는 하지만, 그 하나님으로부터 이제 돌아서고 있음을 알 수 있다. 청년들이 이렇게 외면하고 있는 하

---

15   앞의 논문, 23.

16   조성돈, 《한국 교회를 그리다》(CLC, 2016), 149.

나님은 아마도 부모세대에 대해 가진 이미지와 겹쳐 있을 것이
다. 교회를 외면하는 청년들의 신앙은 부모의 신앙과 아직 분
명히 개별화되지 않은 신앙, 미분화되었으면서도 단절된 상태
의 신앙이라고 할 수 있다. 부모세대에 대해 반감을 갖고 있지
만 그렇다고 부모와 분명히 구별되는 신앙적 가치를 아직 갖지
못했기 때문에 단지 그들과 거리를 두는 방식으로 자기를 찾으
려 하는 것이다. 다시 말해 부모세대의 신앙에 동조하지 않는
소극적 방식으로 자기를 지키려 하는 것이다. 말하자면 그들은
더 이상 실망하지 않기 위해 아무것도 기대하지 않고 그래서 아
무런 헌신도 하지 않기로 작정한 사람들이다. 그런데 이들 역시
현실 속에서 힘들고 우울하기는 매한가지이다. 아니 사실상 부
모세대보다 더 힘들고 우울하다. 왜냐하면 현실은 고통스러운
데 그들에게는 그것을 이겨 내기 위해 붙들 신념조차 부재하기
때문이다.

현실에 짓눌린 우울증

　위의 두 종류 외에 한국교회에서 찾아볼 수 있는 또 한 가지 우울증은 '현실에 짓눌린 우울증'이다. 이것은 위의 둘과 달리 특정 세대에 국한된 우울증이라 볼 수 없다. 이런 우울증은 많은 경우 위 두 가지 우울증에 수반되는 증상으로 나타난다. 현실에 짓눌린 우울증은 말 그대로 현실의 절망과 고통에 짓눌린 사람들의 모습이다. 기성세대에서의 우울증은 과거와 다른 현실을 부정할 수 없어 겪는 증상이라면, 젊은 세대의 경우 현실을 벗어나고 싶지만 벗어날 수 없기 때문에 겪는 증상이다. 현실에 짓눌린 우울증은 많은 경우 현실 부정이나 현실 회피에 수반되는 증상일 수 있지만, 그럼에도 불구하고 이것을 또 하나의 범주로 구분하는 이유는 현실을 버거워하면서도 있는 그대로 받아들이는 진통의 과정이라 볼 수 있기 때문이다.

　현실에 짓눌린 우울증은 긍정적 측면과 부정적 측면을 동시에 가지고 있다. 긍정적 측면은 방금 지적한 대로 현실을 있는 그대로 받아들이고 있다는 점이다. 그런데 이것이 동시에 부정적 측면을 나타낼 수 있다. 그렇게 받아들인 현실에 짓눌려 있기 때문이다. 이처럼 현실에 짓눌린 우울증은 도리어 위의 두 우울증보다 보기에 더 못해 보일 수 있다. 현실 부정보다 더 못해 보이는 이유는 이미 부적절한 것일지언정 어떤 비전이나 목표를 붙들고 있지도 못하기 때문이다. 또한 현실 회피보다 못한 이유는 이런 우울증의 사람들이 힘든 현실로부터 거리조차 두지 못한 채 어려운 짐을 고스란히 혼자 짊어지고 있는 것처럼 보이기 때문이다.

현실에 짓눌린 우울증은 단지 개인의 문제가 아니라 하나의 사회적 문제라 할 수 있다. 그 이유는 현재 한국사회가 예측키 어려운 방향으로 급변하면서 그 속에서 발생하는 어려운 짐들을 일부 개인들에게 지우고 있기 때문이다. 경제 성장의 둔화, 빈부 양극화, 고령화 등 심각한 사회문제로 인해 서민의 삶은 어려워지고, 노인들은 극심한 빈곤과 외로움에 시달리고 있다. 젊은이들은 극심한 경쟁에 내몰리며, 가정이 해체되고 그런 가정의 고통이 자녀의 고통으로 전가되고 있다. 뿐만 아니라 예측할 수 없는 국제상황의 변화, 환경과 기술의 변화는 그 누구도 장담할 수 없는 불안한 미래로 우리를 이끌어 가고 있다.

이러한 상황에 놓인 것은 교회 역시 마찬가지이다. 앞서 살펴본 대로 교회는 현재 적응적 위기에 봉착해 있다. 변화의 필요성은 분명하지만 구체적으로 어떤 방향이 옳은지 보여 주는 분명한 로드맵은 없다. 더 어려운 것은 교인들이 겪는 현실적 고통이 고스란히 교회에 전가되어 감당키 어려운 각종 문제들을 낳고 있다는 점이다. 이런 문제들과 씨름하다 그 문제에 짓눌려 버린 사람들, 그래서 우울증을 겪는 사람들이 교회에 속출하는 것은 현재 한국 현실을 볼 때 당연한 일이다.

이런 우울증을 사회적 증상이라 볼 수 있는 또 한 가지 이유는 그것이 바이러스처럼 전염되기 때문이다. 많은 사람들이 주변 사람들이 가진 문제와 우울증 때문에 스스로 우울증에 빠진다. 이런 현상을 심리학의 '투사'projection와 '내사'introjection 과정으로 설명할 수 있다. 먼저 우울증은 자신 안에 있는 상실감이나 불안을 어떤 외부대상에게로 투사project하는 방식으로 나타날 수 있다. 예를 들어 목회자가 교회 침체의 원인을 비협조적인 교인들 탓으로 돌리거나, 반대로 교인들이 그 원인을 무능한 목회자 탓으로 돌리는 것 같은 방식이다. 일견 이런 공격적인 태도는 우울 증상처럼 보이지 않는다. 그러나 이 역시 우울 증상이라 볼 수 있는 이유는 그처럼 남을 탓하는 방식이 문제를 근본적으로 해결해 줄 수 없고, 따라서 그렇게 하는 당사자가 계속해서 절망과 분노를 벗어날 수 없기 때문이다.

한편 우울증은 '내사'를 통해 발생할 수 있다. 이것은 타인이 전가한 좌절감이나 분노를 자기에게 돌려 스스로를 비난하는 사람들의 특징이다. 예컨대 교인들이 떠나는 것을 보며 자신의 무능을 자책하는 목회자나 그런 목회자를 보면서 그것이 마치 자신의 탓인 양 자책하는 교인들에게서 볼 수 있는 증상이다. 현실에 짓눌린 우울증이라 부르는 것은 주로 이처럼 비난을 자기에게로 돌리는 사람들의 특징이라 볼 수 있지만, 사실 자책과 비난은 한 사람 안에 동시에 나타나는 양면성인 경우가 많다.

이렇게 자책과 비난, 투사와 내사의 과정을 통해 우울증이 널리 전파되는 양상은 긍정적으로는 마음의 짐이 나누어지는 과정이라고도 볼 수 있겠으나 실제로는 대부분 분노와 우울감이 공동체 안에 확산, 증폭되는 결과를 낳는다. 실제 한국의 크고 작은 교회들에서 많은 사람들이 이 같은 일로 교회를 떠나고 있다. 그러나 교회를 떠나는 것이 문제의 해결책은 아니다. 단지 문제를 회피하는 방식일 뿐이다. 문제를 타인에게 전가하는 것은 이보다 더 나쁜 방법이다. 결과적으로 공동체를 더 큰 고통에 빠뜨리기 때문이다. 나는 오히려 공동체 안에서 그 고통을 끌어안고 힘들어하는 사람들에게 희망이 있다고 생각한다. 이들은 적어도 그 고통을 현실로 끌어안고 있기 때문이다. 문제는 그렇게 고통을 끌어안으면서도 어떻게 주저앉지 않고 일어설 수 있느냐 하는 것이다.

성경, 끼워 넣기, 새로운 길

이 책은 한국교회 안에서 현실의 고통을 끌어안고 힘들어하는 사람들을 위해 집필되었다. 내가 믿는 바는 이런 사람들이 바로 한국교회의 희망이며 현재 이들이 겪는 우울증이 비록 그 자체로 힘들어 보이지만 한국교회의 미래를 열어 가는 산고産苦일 수 있다는 것이다. 문제는 현재 그 우울함의 무게에 압도되어 주저앉아 버릴 것인지, 아니면 그것을 통해 기존의 굴레를 벗고 새로운 미래를 열어 갈 것인지 하는 점이다. 이 책 결론부터 말하자면 새로운 미래를 열어 가는 길은 바로 하나님을 바라보는 데 있다. 그런데 다시 문제는 우리가 바라보는 하나님이 어떤 하나님이냐 하는 점이다.

우리가 바라보는 하나님은 항상 우리 자신의 경험과 신념에 의해 착색된 '하나님'일 수밖에 없다. 우리가 자신의 생각과 경험을 떠나 하나님을 만나는 것은 사실상 불가능한 일이다. 그러므로 진정한 하나님을 만나기 위해 먼저 우리 자신이 가진 생각과 경험을 정직하게 하나님의 조명 아래 비추어 보지 않으면 안 된다. 여기서 하나님의 조명 아래 비추어 본다는 것은 무엇보다 우리의 현실을 성경의 이야기들 속에 '끼워 넣어'interpolate 보아야 한다는 의미이다.[17] 이렇게 우리 현실을 성경의 이야기들 속에 끼워 넣는 것은 현실을 객관화시켜 볼 뿐 아니라 성경의 하나님을 오늘 현실 속에서 만나 볼 수 있게 하는 것이다.

이 책에서 특별히 함께 읽어 갈 성경은 열왕기서와 선지서, 그 속에 기록된 엘리야, 엘리사, 요나, 예레미야, 다니엘 같은 선지자들의 이야기이다. 특별히 이들 선지자들이 활동했던 분열 왕국후기와 포로기 상황은 여러 면에서 우리 시대와 비슷하다. 이런 시대를 살았던 선지자들의 삶과 고뇌 가운데서 우리 자신의 모습을 발견하고, 또 그들이 만난 하나님에게서 자신의 하나님을 만날 수 있을 것이다. 이제 다음 장에서 첫 번째로 만나 보려는 성경의 인물은 바로 북이스라엘 아합왕 시대의 선지자 엘리야이다.

---

17 "텍스트들을 이해하는 것, 그것은 단순한 주위세계(Umwelt)를 하나의 세계(Welt)로 만드는 모든 의미 작용을 우리 상황의 술어들 속에 끼워 넣는 것이다." Paul Ricœur, *Temps et Récit I*, 이경래 옮김,《시간과 이야기 1》(문학과지성사, 1999), 176.

2

좌절된

'부흥'

엘리야의 우울증

성경에서 우울증을 겪은 사람으로 가장 먼저 떠올릴 만한 인물이 바로 엘리야이다. 엘리야가 우울증에 빠진 모습은 열왕기상 19장 3-5절에 잘 나타난다. 엘리야는 네게브 광야의 한 로뎀나무 아래서 다음과 같이 하나님께 죽음을 구한다. "…여호와여 넉넉하오니 지금 내 생명을 거두시옵소서. 나는 내 조상들보다 낫지 못하니이다"(왕상 19:4하).

이러한 엘리야에게서 우울증에 빠진 사람의 몇 가지 특징을 확인할 수 있다. 첫째 대인기피증이다. 이 장면 직전의 엘리야는 온 이스라엘 백성이 둘러선 갈멜산상에서 바알선지자 450명과 홀로 대결을 벌였다. 그런데 이런 그의 이미지와 대조적으로 열왕기상 19장의 그는 자신에게 수종 들던 사환조차 물리친 채 홀로 고립무원의 광야로 들어간다. 이런 그의 모습에서 우리는 세상에 대한 염증과 더불어 가급적 사람들로부터 멀어지려는 대인기피적 태도를 엿볼 수 있다. 또 한 가지 발견되는 우울 증상은 그의 고백처럼 죽고 싶어 하는 것이다. "이제 됐습니다"라는 그의 말은 이미 노력할 만큼 했고 더 이상 무언가를 해볼 의지조차 상실했음을 시사한다. 이렇게 죽고 싶어 하는 모습과 더불어 로뎀나무 아래 쓰러져 잠든 모습은 더 이상 그가 사역을 이어갈 기력을 소진한 상태임을 보여 준다.

주목해 볼 것은 4절 마지막에 그가 덧붙이는 한마디이다. "나는 내 조상들보다 낫지 못하니이다." 이 말을 어떤 의미로 이해할 수 있을까? 우선 이 말이 시사하는 것은 그에게 이제까지 사역의 모델이 되는 대상이 있었다는 것이다. 그 모델 내지 비교 대상을 그는 히브리어로 "아비" 즉 "내 조상" 또는 "내 스승"이라 부른다. 엘리야는 대체 이 말로 누구를 지칭하는 것일까? 그리고 왜 자신이 그보다 못하다는 것일까?

먼저 기억할 것은 엘리야가 지금까지 달려온 길이 이스라엘의 부흥을 위한 길이었다는 점이다. 그렇다면 그가 '조상'이라 부른 것은 조상 중에서 특별히 그가 추구한 것 같은 이스라엘 부흥을 주도했던 인물이라 추정할 수 있다. 열왕기상 18장 21절을 볼 때 엘리야가 추구한 부흥은 이스라엘이 오직 하나님만을 섬기는 백성이 되는 것이다. 이렇게 볼 때 엘리야가 그의 이상理想으로 삼았을 만한 시대는 첫째 모세의 시대이다. 하나님께서 이스라엘에게 "너희가 내 백성이 되리라"(출 6:7) 말씀하셨던 때가 바로 모세의 시대이기 때문이다. 그렇다면 엘리야가 모델로 삼았던 그 '조상'은 모세라는 의미가 된다. 이렇게 모세가 엘리야의 모델이었다는 점은 후에 그가 호렙산에 올라 모세가 그랬던 것처럼 하나님의 얼굴을 친히 뵙기를 원하는 데서도 확인할 수 있다.

좀 더 가까운 시대의 조상으로 엘리야의 모델이 되었을 만한 인물은 선지자 사무엘이다. 갈멜산에서 엘리야가 돌을 취하여 이스라엘을 위해 쌓은 제단은 우리로 하여금 과거 미스바에서 사무엘이 쌓은 제단을 떠올리게 한다(삼상 7:9). "여호와가 하나님이면 그를 따르고 바알이 하나님이면 그를 따르라"(왕상 18:21)는 엘리야의 외침에서도 "이방 신을 제하고 오직 여호와만 섬기

45

라"(삼상 7:3)는 사무엘의 음성의 메아리를 들을 수 있다.

　사무엘이 엘리야의 모델이었다는 것은 엘리야가 아합을 대하는 태도에서도 유추할 수 있다. 아합은 바알숭배를 퍼트린 악한 왕이었음에도 엘리야는 아합왕에 대한 예우를 다한다(왕상 18:46). 이것은 끝까지 사울이 회개하여 돌아올 것을 기다리던 사무엘의 태도를 연상시키는 모습이다. 엘리야는 이처럼 왕위전복을 꾀하는 역성혁명가가 아니라 과거 다윗의 영광이 회복되기를 바라는 이상적 왕정주의자였다고 볼 수 있다.

　이 같은 맥락에서 "나는 조상보다 못하다"(왕상 19:4)는 엘리야의 탄식을 좀 더 구체적으로 이해할 수 있다. 그것은 곧 그가 모세의 때, 사무엘의 때와 같이 이스라엘을 부흥시키고자 노력했으나 실패했음을 의미한다. 같은 맥락에서 그가 왜 그렇게 아합의 마차 앞에서 들뜬 모습으로 달려갔는지도 이해할 수 있다. 열왕기상 18장 마지막을 보면 엘리야는 겉옷으로 허리를 동이고 이스르엘성까지 근 30킬로미터나 되는 먼 거리를 왕의 마차 앞에서 달려가는 모습을 볼 수 있다(왕상 18:46). 이것은 말 그대로 초인적인 능력이 임했기 때문이라고 볼 수 있지만, 동시에 그가 그만큼 이스라엘 회복의 꿈에 들떠 있었던 것이라 볼 수 있다.

　그런데 열왕기상 19장에 이르면 이러한 꿈은 일시에 물거품이 되고 그는 밑바닥까지 무너진 모습을 보여 준다. 여기서 질문은 그가 왜 이렇게 단기간에 철저히 무너질 수밖에 없었을까 하는 것이다. 엘리야는 그 실패의 이유가 자신이 선대의 모세나 사무엘보다 부족해서라고 생각한 듯하다. 과연 맞는 생각이었을까?

성장이라는 지배담론

엘리야의 부흥운동이 왜 실패했는지 알아보기 전에 먼저 오늘날에도 저 로뎀나무 아래 엘리야처럼 주저앉아 있는 한국교회 목회자들에 대해 생각해 보도록 하자. 그들도 과연 저 로뎀나무 아래 엘리야처럼 좌절에 빠져 자신들이 그렇게 된 이유가 "역량 부족"이라 말하고 있다. 안덕수의 〈한국교회 중년 남성 목회자들의 스트레스와 탈진에 관한 연구〉(2009)에서 한 피면접자는 자신이 경험한 목회적 좌절에 대해 다음과 같이 고백하고 있다.

면담자: 10년차 목회를 해오시면서 목회에 대한 만족도는 어느 정도 되시나요?

면담 대상자: 100점 만점에 10점 정도밖에 안 돼요. 처음에는 비전과 열정을 갖고 열심히 달려왔는데 지하에 개척했을 때보다 2층 상가로 이사하고 나면서 정체가 되더라고요. (중략) 이유가 제 욕심 때문이었더라고요. 비전이라고는 했지만 하나님의 이름으로 갖는 욕심이었죠. 여기에서 더 탈진이 오고 스트레스를 받게 되었던 거죠.

면담자: 그래서 더 쉽게 탈진하고 지치게 되는 것이죠.

면담 대상자: 그렇죠. 저희는 상, 하반기로 성장 통계를 해보는데 상가 건물에서 목회할 때가 지금까지 목회하는 역사상 처음이자 마지막으로 마이너스 성장을 했어요. 그리고 그 이후 조금씩 성장을 하는데 제가 가진 비전이나 제가 가진 사역에는 너무나도 못 미치고, 2층 상가 건물로 가면서 빨리 건물을 매입해서 교회를 세울 수 있으리라 생각했는데 점점 더 그 꿈은 멀어져 가더라고요. (중략) 그렇게 하면서 건물도 안 되지, 수적인 성장도 안 되고 질적인 성장도 안 되고… 개척교회를 찾아오는 사람들이 늘 문제가 많은 사람들이다 보니까… 기존의 훈련 잘 받은 사람들은 큰 교회로 다 가 버리고… 이렇게 사람들에 치이고… 그렇게 6년을 지내는데 7년차 지내면서부터 의욕이 아예 없어지는 거예요. 그것이 탈진이었죠. 아무것도 하기 싫어지고….[1]

이 피면접자뿐 아니라 허다한 한국 목회자들이 경험하는 이 같은 목회적 좌절은 그들에게 분노와 원망, 배신감과 고립감, 심지어 자살 충동 같은 내면의 문제를 야기한다. 뿐만 아니라 가정 폭력이나 각종 중독 같은 문제 행동에 빠져들거나 불면증, 고혈압, 소화기장애 같은 신체 증상을 초래하기도 한다.[2] 안덕수는 위의 피면접자를 포함한 다수의 목회자들에게 신체적, 정서적 문제들을 일으키는 주된 원인이 바로 "교회 성장에 대한 부담"

1   안덕수,〈한국교회 중년 남성목회자들의 스트레스와 탈진에 관한 연구〉(미간행 박사학위 논문, 연세대학교 연합신학대학원, 2009), 155-156.

2   앞의 논문, 92-93.

이라 지적한다.[3] 물론 이외에도 그들이 어린 시절부터 가진 심리 문제나 인간관계의 어려움 같은 문제들이 그들의 목회적 어려움을 야기하는 요인이 되기도 한다. 그러나 위 논문에 의하면 그들이 목회하는 "교회 크기와 상관없이" 가장 많은 사례에서 "가장 큰 부분을 차지하는" 목회자 스트레스와 탈진 요인은 역시 "교회 성장에 대한 부담"이다.[4]

그러면 이러한 교회 성장에 대한 부담은 대체 어디서 오는 것일까? 교인들의 과도한 요구인가, 혹은 생존을 위한 현실적 필요인가, 아니면 위의 피면접자가 고백하듯 "하나님의 이름으로(자신이) 가지고 있는 욕심"인가? 정답은 아마 셋 다일 것이다. 이렇게 교회 성장에 대한 부담이 마치 그가 호흡하는 공기처럼 그의 안팎 어디나 존재한다는 것은 그것이 소위 '지배담론'이라는 것을 의미한다. 즉 누구든지 당연시하고 무의식적으로 받아들이며 따라가는 보편적 규범이라는 뜻이다. 더 나아가 한국에서 교회 성장은 타자의 요구인 동시에 목회자 자신의 욕망과 가치의 투영이기도 하다.

혹자는 교회 성장이 무엇보다 하나님께서 주신 사명이라는 점을 지적할지 모른다. 옳은 말이다. 그러나 여기서 스스로 물어야 하는 것은 과연 이것이 무조건 항상 옳은 말인가 하는 점이다. 사도행전을 보면 성령께서 바울의 복음 전파를 막으신 일이 있다(행 16:6). 예수님의 공생애 시절에도 많은 사람이 예수를 떠

3   앞의 논문, 136.
4   앞의 논문, 39-40.

나고 소수의 제자들만 남은 일이 있다(요 6:66). 이것을 그 누가 예수나 바울의 역량이 부족해서라고 말하겠는가? 우리는 하나님의 뜻은 무조건 항상 이것이라고 말할 수 없다. 하나님의 뜻이 무엇인지는 항상 하나님 자신만 말씀하실 수 있기 때문이다.

우리는 교회 성장이 무조건 항상 하나님의 뜻이라 말할 것이 아니라 그런 요구가 하나님으로부터 온 것인지, 아니면 세상으로부터 온 것인지 분별해 보아야 한다. 예수께서는 어떤 것이 하나님으로부터 온 것이지 알려면 열매를 보아야 한다고 말씀하셨다(마 7:16). 이 말씀에 의할 때 교회 성장이 정말 하나님의 뜻인지 물어야 하는 이유는 그것이 만들어 내는 열매가 위에서 본 것처럼 많은 경우 건강하지 못한 교회 문화나 목회자 탈진, 우울증 같은 문제들인 것처럼 보이기 때문이다. 이것이 만일 예수께서 말씀하신 "나쁜 열매"의 일종이라면 그것의 근원인 교회 성장에 대한 부담은 하나님이 아니라 세상으로부터 온 것일 가능성이 크다.

어쩌면 한국교회가 처한 시대 상황 속에서 하나님의 부르심은 교회가 외적으로 성장하기보다 내적으로 변화하는 것이 우선이 아닐까? 만일 그러하다면 이러한 시대적 과제를 무시하고 과거 한때 경험한 성장만을 달성하려고 노력하는 것은 결과적으로 우리 자신과 교회에 도리어 해를 끼치는 일일 수 있다. 그러면 이제 우리가 처한 시대 상황이 구체적으로 어떤 것인지 비춰 보기 위해 다시 우리가 거울로 삼은 엘리야의 시대로 돌아가 보자.

엘리야의 시대적 배경

이스라엘 부흥을 위한 엘리야의 노력은 이세벨과 그녀의 추종세력의 반대에 부딪혔다. 이러한 충돌의 본질을 이해하기 위해서는 이스라엘 국내 상황만이 아니라 거시적으로 당시 중근동지역의 역사적 상황을 조망할 필요가 있다. 엘리야가 활동하던 시기(주전 8, 9세기)는 바야흐로 그 지역에 전에 없던 세계제국들이 발흥하여 서로 충돌하던 시기였다. 당시 이러한 흐름을 이끌었던 것이 바로 선진 철기기술을 바탕으로 메소포타미아지역을 석권한 뒤 점차 서방으로 세력을 확장해 오던 신앗수르제국The Neo-Assyrian Empire이었다. 이러한 신앗수르의 서진西進은 이스라엘을 포함한 지중해 연안의 국가들에게 큰 위협일 수밖에 없었다. 때문에 그들 지중해 연안의 나라들은 앗수르에 대항하는 반앗수르동맹The Anti-Assyrian alliance을 형성하기에 이른다.[5]

반앗수르 동맹은 그 동맹국들 사이에 비단 군사적 협력만 아니라 문화경제적 교류가 활성화되는 계기를 마련했다. 또한 그것은 그 근동지역의 작은 부족국가들이 새로운 중앙집권적 왕정국가로 거듭나는 계기를 마련했다. 당시 이 같은 기회를 발견

---

5   Jeffrey Kah-Jin Kua, *Neo-Assyrian Historical Inscriptions and Syria-Palestine: Israelite/Judean-Tyrian-Damascene Political and Commercial Relations in the Ninth-Eighth Centuries BCE*(Eugene, OR: Wipf and Stock Publishers, 1995), 34.

하고 세계화의 대오로 이스라엘을 이끌었던 이스라엘왕이 바로 아합이었다. 아합은 성경에 나타나는 용렬한 이미지와는 다르게 세상적으로 매우 유능하고 나름 선견지명을 가진 왕이었던 것으로 보인다. 그의 선견지명이 엿보이는 예들 중 하나가 바로 시돈왕의 딸 이세벨과의 정략결혼이다. 정략결혼은 역시 반앗수르동맹의 한 방편인 동시에 비록 작은 도시국가지만 해상무역으로 큰 부를 누리던 시돈Sidon과의 연합으로 이스라엘을 더욱 부강한 나라로 만들려는 노력의 일환이었다. 이러한 노력이 상당 부분 성공을 거두었다는 것을 카르카르Qarqar전투에서 그가 소유한 전력규모에서 확인할 수 있다.[6] 군사력 외에 왕권과 부富의 크기를 엿보게 하는 또 한 가지 사실은 그가 부왕 오므리가 건설한 기존의 사마리아 외에 이스르엘 평원에 제2의 수도를 건설했다는 사실이다.

이스르엘 평원의 지정학적 위치를 살펴보면 아합이 왜 이곳에 제2의 수도를 건설했는지 이유를 짐작할 수 있다. 이스르엘 성은 바로 메소포타미아와 지중해를 잇는 이스르엘 평원 한가운데 자리하고 있다. 이곳은 또한 나봇의 포도원이 있던 자리이기도 한데, 이로써 왜 아합이 그토록 나봇의 포도원을 차지하고 싶어 했는지 그 진짜 이유를 알게 된다. 사실 앗수르제국이 서진해 오던 이유 중 하나도 이곳 이스르엘 평원을 차지하기 위해서

---

6   카르카르전투는 주전 853년 앗수르와 반앗수르동맹의 일차 충돌로 이 전투에 참전한 아합의 군사력은 병거가 2천, 보병이 1만으로 다른 동맹국들의 전력을 능가하는 것이었다. Jeffrey Kah-Jin Kua, *Neo-Assyrian Historical Inscriptions and Syria-Palestine*, 34.

갈멜산에서 내려다본 이스르엘 평원.
대략 화살표가 있는 곳이 이스르엘 성터이다. 그곳은 근방에 나봇의
포도원이 있던 곳이기도 하다. 엘리야가 달려갔던 그곳까지의 거리는
약 30킬로미터이다.

였다고 해도 과언이 아니다. 왜냐하면 이곳을 차지하는 것은 곧
광대한 메소포타미아지역의 소산과 지중해 해상무역을 잇는 연
결통로를 확보하는 일이기 때문이다. 다시 말해 이 이스르엘 평
원은 세상의 엄청난 부를 거머쥐기 위한 길목이었다. 아합은 이
길목에다 튼튼한 병고성兵庫城을 짓고 그가 모은 수천의 병거를
주둔시키려 했다. 그럼으로 장차 이곳에 진출하려는 앗수르에
게 삼키우지 않고 도리어 자신이 동서교역의 빗장을 거머쥐려
했던 것이다. 그런데 이런 그의 앞에 나봇이 생각치 못한 방해물
로 나타났다.

　당시 나봇이 아합에게 방해물이었던 것은 비단 경제적 차원
만 아니라 정치적, 종교적 차원의 문제이기도 했다. 왜냐하면 나
봇은 그의 조상의 땅을 양보하지 않음으로 아합의 바알주의에

53

정면으로 맞섰다고 볼 수 있기 때문이다. 대천덕에 의하면 '바알주의'Baalism란 토지를 하나님의 기업이 아니라 사고파는 소유물로 간주함으로 "지주들이 엄청난 부와 대규모 상비군을 둘 수 있는 힘"을 마련하는 법이었다.[7] 바알신앙이 이러한 경제제도와 맞물려 있는 것은 바알이 그를 섬기는 자들에게 무한한 부를 약속하는 신이었기 때문이다.

이에 비해 여호와 하나님은 모든 백성에게 자신의 기업을 고르게 분배함으로 그 땅에 가난한 자들이 없게 하는 하나님이다 (신 15:5). 이 여호와의 법은 달리 말해 소수가 부를 독점할 수 없게 만든 법이라 할 수 있다. 아마도 아합은 하나님의 법이 열방들처럼 부강한 나라를 만드는 데 전혀 도움이 안 되고 방해가 된다고 판단했던 것 같다. 그래서 대신 그의 장인 엣바알의 신, 즉 그가 생각하기에 이스라엘보다 더 선진한 나라의 신을 수입하려 했던 것이다. 그래서 왕비 이세벨과 함께 전국에 바알 신전을 건축하고 수많은 바알 제사장들을 세웠다. 말하자면 국가적 규모의 개종을 시도했던 것이다.

7   대천덕, *Biblical Economics*, 전강수, 홍종락 옮김,《토지와 경제정의》(홍성사, 2003), 45.

바알과 여호와

　주전 800년 전후 근동지역의 이러한 역사적 배경을 이해하는 것은 당시 엘리야의 부흥 운동이 부딪힌 반대세력이 어떤 것인지 더 잘 이해할 수 있게 한다. 갈멜산에서 엘리야가 바알 선지자 450명과 맞선 것은 이세벨과 아합이 도모하던 국가적 개종 프로젝트에 정면으로 맞선 일이었다. 그러므로 그 일이 얼마나 이세벨과 아합의 분노를 샀을 일인지 짐작할 수 있다. 그런데 오히려 더 이해하기 어려운 것은 왜 여전히 엘리야는 그런 아합을 옹위하면서 그의 개혁을 이루려 했느냐는 점이다.

　먼저 한 가지 분명히 할 것은 당시 아합의 바알주의와 맞섰던 것은 엘리야 이전에 바로 하나님이셨다는 사실이다. 이 점을 보여 주는 것이 이스라엘에 임한 3년간의 가뭄이다. 이 가뭄은 당시 하나님께서 아합의 바알에게 정면으로 맞서고 계셨음을 보여 주는 것이다. 왜냐하면 당시 바알은 무엇보다 땅에 비를 내려 풍요를 준다고 믿어지는 신이었기 때문이다. 그러므로 아합왕 때 임한 3년의 가뭄은 하나님께서 아합과 이스라엘에게 주신 경고의 메시지라 볼 수 있다. 즉 바알은 그들이 믿는 것처럼 진정 풍요를 가져다주지 못한다는 경고였다.

　우리는 엘리야 시대에 임한 가뭄을 단지 자연재해로만 볼 것이 아니라 그 이상의 의미로 해석할 필요가 있다. 단지 우로雨露가 없어 초래된 고통이 아니라 연이은 전쟁과 약육강식의 풍토 속에서 초래된 서민의 절망적 현실을 함의하는 것으로 볼 수 있다. 서민들의 고통을 보여 주는 대표적 사례가 바로 사르밧 과부와 그 아들의 이야기이다. 사르밧은 당시 가장 부유한 해상무역도시들 사이의 소외지역이었다. 탐욕스러운 도시들 틈바구니의 그늘진 사각지대였던 것이다. 당시 사회에는 전쟁과 수탈, 힘 있는 자들의 야합을 통해 과거 어느 때와 비교할 수 없이 많은 부와 권력을 가진 사람들이 있었던 반면, 다른 한편에는 이 사르밧 과부와 아들처럼 전쟁으로 삶의 터전을 잃고 극심한 빈곤 속에 하루하루를 연명하는 사람들이 있었다. 하나님께서 엘리야를 이들에게 보내신 것은 풍요를 주겠다는 바알의 거짓을 직접 눈으로 목도하게 하신 것이다.

사실 바알의 거짓을 직면해야 했던 것은 엘리야가 아니라 아합이었다. 그런데 역설적이게도 바알이 초래한 황폐한 현실을 가장 생생하게 몸으로 체험했던 것은 아합이 아니라 사르밧 과부 같은 서민들이었다. 정작 이 상황을 초래한 아합은 그런 실상을 깨닫지 못한 채 현재의 고통을 가져온 것이 엘리야라는 황당한 착각을 하고 있다. "이스라엘을 괴롭게 하는 자여 너냐?"(왕상 18:17) 이렇게 고함치는 아합에게서 그의 왜곡된 현실 인식을 엿볼 수 있다. 아마도 그는 이스라엘을 부강하게 만들려는 자신의 노력에 엘리야가 훼방을 놓고 있다고 생각한 듯하다. 이런 아합에게 엘리야는 다음과 같이 대답한다. "내가 이스라엘을 괴롭게 한 것이 아니라 당신과 당신의 아버지의 집이 괴롭게 하였으니 이는 여호와의 명령을 버렸고 당신이 바알을 따랐음이라"(왕상 18:18). 이 말의 의미는 아합이 탐욕으로 선택한 바알주의가 실

상 이스라엘을 도리어 도탄에 빠지게 만들었다는 것이다. 그러
나 과연 아합이 당시 이 말을 얼마나 제대로 알아들었을지는 의
문이다.

왜곡된 여호와 신앙

그러면 아합이 이렇게 엘리야를 처음 만났을 때는 아니더라도 나중에 갈멜산 대결이나 아람과의 전쟁에서 여호와의 권능을 직접 목격한 이후에는 그 생각이 달라졌을까? 답은 "예"와 "아니오"이다. 먼저 "예"라고 할 수 있는 이유는 실제 아합이 이후에 바알 선지자들 대신 여호와의 선지자들을 소집하여 자신의 행할 바를 묻는 태도의 변화를 보여 주기 때문이다(왕상 22:6). 물론 당시 아람과의 전쟁에 나아가면서 그가 이렇게 여호와의 선지자들을 소집한 것은 자발적이라기보다 여호사밧왕의 건의에 따른 일이었다(왕상 22:5). 그러나 그럼에도 불구하고 주목할 것은 당시 아합이 바로 소환할 만한 여호와의 선지자가 이스라엘에 400여 명이나 있었다는 사실이다. 이것은 확실히 갈멜산 이전과는 많이 달라진 상황이라 아니할 수 없다. 아합이 바알숭배를 기반으로 하는 국가종교정책에서 어느 정도 선회했음을 시사하는 것이다. 그렇다면 이것은 엘리야의 부흥운동이 어느 정도 성공을 거두었음을 의미하는가? 그러나 그렇게 보기는 어렵다.

아합의 태도 변화가 진정 회개하고 하나님께 돌아선 것이 아니라는 사실을 그가 여전히 탐욕에 사로잡혀 전쟁을 일삼는 데서 확인할 수 있다. 외적으로 그는 전쟁에 임하면서 바알이 아니라 여호와 하나님께 묻고 있는 것처럼 보인다. 그러나 문제는 이

때 그가 여호와 하나님을 마치 바알처럼 섬기고 있다는 점이다. 즉 그의 욕망대로 그에게 승리와 부를 주는 신으로만 섬기고 있는 것이다.

그런데 아합이 이렇게 되는 데 결정적 계기를 제공한 것은 어찌 보면 하나님 자신이었다고 할 수 있다. 왜냐하면 인접한 아람과의 전쟁에서 큰 승리를 주신 것이 하나님이시기 때문이다. 당시 사람들이 생각하듯 여호와 하나님이 열등한 산지국가의 신이 아니라 천지의 유일하신 하나님이심을 나타내신 것이다(왕상 20:28). 이 아람과의 전쟁의 승리는 아합이 그의 종교적 태도를 바꾸게 할 만큼 충분히 그에게 감명적이었던 것으로 보인다. 왜냐하면 이후 아합은 바알 선지자 대신 여호와의 선지자 400명을 어쨌든 그 주위에 두는 왕이 되었기 때문이다. 그런데 문제는 이것이 그가 여호와를 온전히 따르는 것이 아니라 전에 바알을 섬기던 것 같이 여호와를 섬기는 것이었다는 점이다. 그리고 이보다 더 큰 문제는 그를 둘러선 여호와의 선지자들이 마치 바알의 선지자들처럼 그를 섬기고 있었다는 사실이다. 즉 그들의 후견인인 아합을 위해 부와 권력을 비는 기복적 종교인들이 되었다는 점이다.

한국교회와 시드기야의 뿔

　반세기 동안 우리나라에는 '국가조찬기도회'라는 기독인 모임이 있어 왔다. 이 모임에 대한 평가는 지금까지 긍부정 양편으로 갈리는데, 이는 그럴 수밖에 없는 양면성을 내포하고 있기 때문이다. 긍정적 측면은 국가지도자를 위해 함께 기도함으로 이 나라가 하나님 보시기에 바른길을 가도록 중보하는 모임이라는 점이다. 중보의 전통은 대한민국 제헌국회(1948)에서부터 시작되었다고 할 수 있는데, 어떤 면에서 이것은 한국교회가 이어가야 할 소중한 전통이다. 선지자 사무엘이 사울을 위해 기도하고 나단이 다윗을 중보했던 것처럼 한국교회 역시 국가지도자를 위해 기도해야 할 책임이 있는 것이다.

　그러나 다른 한편으로 그 역사를 돌아볼 때 비판받아 마땅한 부끄러운 측면을 함께 가지고 있다. 참으로 그것이 나단처럼 국가지도자의 잘못을 바로 지적하기보다 아합왕의 선지자들처럼 역기능적인 역할을 했던 점을 역사적으로 부정할 수 없기 때문이다.

　사실 국가조찬기도회만 아니라 한국교회 전체가 지금까지 이 나라에 나단의 역할을 해왔는지, 도리어 시드기야의 뿔을 만들어 온 것은 아닌지 스스로 반성해 보아야 한다. 그런데 반성의 당위성을 말하기는 쉽지만 실제 현실 가운데서 시드기야가 되지 않는 것은 결코 쉬운 일이 아니다. 이것은 비단 목회자 개인의 문제만 아니라 한국사회와 교회의 구조적 문제이기도 하다.

역사적으로 한국교회가 시드기야와 같은 면이 있었다면 그 것은 아마 근원적으로 과거 북한에서 땅과 교회를 빼앗기고 월 남한 기독교인들이 공동의 적인 북한공산당에 맞서 친정부화한 사실과 관련이 있을 것이다.[8] 그러나 혹자는 오늘날 한국의 정치 현실은 그때와 많이 달라져서 그런 문제는 사라졌다고 주장할 지 모른다. 일면 맞는 말이다. 그러나 반드시 그렇다고 볼 수 없 는 이유는 '시드기야의 뿔'은 본질적으로 교회가 권력과 부에 편 승하는 문제이기 때문이다. 오늘날 교회의 '아합'은 비단 정부 만 아니라 경제적 유력자나, 심지어 개별 지역교회 내의 유력인 사가 될 수 있다.

성전이 있는 남유다와 다르게 북이스라엘의 선지자들은 사 실상 제도적 기반이 전무한 상황이었다. 이러한 상황은 이세벨 의 영향으로 더욱 악화되었을 것이다. 때문에 북이스라엘의 선 지자들은 그들의 생존을 위해서라도 아합이 새롭게 보여 주는 호의에 의존할 수밖에 없었다.

이러한 상황은 어떤 면에서 오늘날 한국교회 목회자들의 상 황과도 유사하다. 오랜 전통과 권위를 가진 서구교회와 달리 한 국교회는 기독교에 비우호적인 한국사회 안에서 일단 생존부터 하지 않으면 안 되는 형편이기 때문이다. 그렇기 때문에 한국교 회 목회자들은 현실적으로 의지할 만한 대상을 찾아 일정 부분 그러한 대상에 맞춰진 목회를 하지 않을 수 없다. 그들이 이렇게

---

8   윤정란, 《한국전쟁과 기독교》(한울아카데미, 2015), 66.

하지 않는다면 그것은 곧 그들이 미가야가 겪은 것 같은 "고생의 떡과 고생의 물"(왕상 22:27)을 먹을 수밖에 없는 상황을 의미한다. 이것이 오늘날 한국 목회자들의 현실이며, 또한 아합 시대 "바알에게 무릎 꿇지 않은 칠천 명"(왕상 19:18)이 겪은 현실이었다.

엘리야의 선택과 좌절

그러면 다시 아합의 마차 앞을 달리던 엘리야에게로 돌아가 당시 그의 고민을 헤아려 보자. 당시 엘리야는 분명 아합의 정책에 맞서는 사람이었다. 그런데 왜 그렇게 아합의 길을 막아서지 않고 도리어 그 앞에서 달렸는가? 다시 말해 왜 그렇게 아합을 버리지 못하고 그를 옹립하며 개혁을 이루려 했는가?

당시 엘리야가 아합을 버리지 못했던 것이 사실이라면 그 이유를 다음과 같이 추정해 볼 수 있다. 이미 말한 것처럼 엘리야가 꿈꾸던 이스라엘이 다윗의 때처럼 왕을 위시한 온 나라가 여호와를 섬기는 왕정국가였기 때문이다. 엘리야에게는 이런 이상적 국가 모델이 있었고 이를 실현하기 위해 그는 먼저 왕부터 바로 세우지 않으면 안 되었다.

엘리야가 아합을 버릴 수 없었던 또 다른 이유는 현실적으로 불가피한 선택이었기 때문이다. 왕정국가가 과연 하나님 보시기에 이상적인 국가인가 묻는다면 답은 성경적으로 아니라는 것이다. 이스라엘 백성이 이방 나라들처럼 왕을 요구했을 때 사무엘과 하나님은 기뻐하지 않았다(삼상 8:6-7). 이 점을 엘리야도 몰랐을 리 없다. 그러나 사무엘의 때에도 그러했던 것처럼 엘리야의 때에도 백성이 왕을 필요로 하는 이유가 있었다. 그것은 다름 아닌 주변 나라들의 위협 때문이었다.

당시 이스라엘 주변에는 발전하는 신기술을 바탕으로 강대한 군사력을 갖춘 신제국들이 등장하고 있었다. 그리고 그러한 나라들이 강대한 군사력으로 이스라엘을 위협해 오고 있었다. 사무엘의 시대에도 이미 그러했는데 엘리야 시대의 위협은 이전과 비교할 수 없을 만큼 커져 있었다. 앗수르 같은 군대는 결코 과거처럼 열두 부족이 돌팔매나 몽둥이를 들고 모여 물리칠 수 있는 적이 아니었다. 시대가 달라진 것이다. 엄밀히 말하자면 왕과 상비군이 없는 나라는 생존이 불가능한 현실이었다. 아합 왕과 그의 군대가 없다면 이스라엘 백성은 마치 목자 없는 양떼가 사나운 들짐승들 가운데 놓인 처지나 마찬가지였다.

이렇게 생각할 때 우리는 당시 아합의 마차 앞을 달리던 엘리야의 고민을 충분히 이해하고 남음이 있다. 그러나 또한 이런 엘리야의 생각이 철저히 이스라엘 중심적이라는 것도 알 수 있다. 엘리야는 북이스라엘 사람이었기 때문에 성전 중심주의자는 아닐지라도 철저한 민족주의자였음에 틀림없다. 그에게 여호와를 위하는 일은 곧 이스라엘을 위하는 일이었다. 그런데 이것은 당시의 맥락에서는 당연한 일이었다는 점을 이해해야 한다. 엘리야는 모세를 자신의 모델로 삼은 선지자였고 모세처럼 이스라엘을 하나님의 백성으로 세우는 것이 지상목표였던 사람이다. 이것은 다시 말해 열방이 하나님께 돌아오는 것 같은 비전은 애초부터 그에게 없었다는 의미이다. 엘리야만 아니라 당시에 그런 비전을 가진 사람은 아마 아무도 없었을 것이다. 엘리야 같은 선지자의 관심은 오직 하나님의 백성인 이스라엘을 보전하는 일이었고 그것을 위해서는 그들을 위해 목숨을 걸고 싸울 다윗 같은 목자, 즉 왕이 필요했다.

그런데 다른 선지자들에게도 그랬던 것처럼 엘리야에게 아합을 섬기는 일은 스스로 딜레마에 빠지는 선택이었다. 왜냐하면 이런 선택을 함으로 그는 이세벨을 위시한 바알수의자들과 한 배를 탈 수밖에 없었기 때문이다. 물론 갈멜산에서 그가 바알선지자들을 척결함으로써 표면적으로 바알숭배의 국교화는 중단되었다고 볼 수 있다. 그러나 이것이 심층적 차원의 바알주의까지 완전히 괴멸시킨 것이라고 볼 수 없는 이유는 이미 언급한바와 같이 표면적인 종교 제도보다 더 심각한 문제가 경제적, 법률적 차원의 바알주의이기 때문이다. 이런 심층적 바알주의의 근저에는 전쟁과 약탈을 통해 자신의 부를 무한히 확장시켜 가려는 인간의 욕망이 자리하고 있었다. 아합과 이세벨이 이러한 차원의 바알주의를 포기할 리 만무했으며, 이 점을 우리는 그들이 나봇의 포도원을 빼앗는 방식에서 잘 확인할 수 있다.

도시의 환멸

아마도 진정 엘리야를 힘들게 한 것은 비단 아합과 이세벨의 탐욕만 아니라 그들이 바알숭배와 함께 많은 사람들 가운데 퍼트린 탐욕과 잔혹성이었을 것이다. 나봇을 죽이는 데 협력하는 이스르엘 성민城民들의 모습에서 우리가 보고 경악하게 되는 것이 바로 그런 것이다(왕상 21:11-14). 우리는 당시 이스르엘의 시정市政을 장악하고 있던 것이 이세벨의 추종자들이었다는 것을 알 수 있다. 바로 이 같은 세력이 이세벨을 따라 약한 자들을 유린하며 자신의 힘과 소유를 넓혀 갔던 사람들인 것이다. 엘리야가 갈멜산에서 그처럼 바알 선지자들을 괴멸시켰는데도 불구하고 왜 그가 그렇게 무너질 수밖에 없었는지 그 이유를 바로 여기서 찾을 수 있다. 엘리야를 좌절시킨 것은 바로 그처럼 아합과 이세벨을 둘러싼 모리배들이었던 것이다.

아합의 마차 앞에서 달려갈 때와 달리 이스르엘성에 이른 엘리야가 경험한 것은 그가 뿌리 뽑아야 할 바알주의가 생각보다 훨씬 깊고 복잡하게 얽혀 있다는 사실이었다. 그는 왕과 상비군 체제가 원래 하나님이 기뻐하시는 것은 아니지만 다윗의 시대처럼 하나님의 뜻에 합한 것이 될 수 있으리라 믿었던 듯하다. 그러나 변화하는 국제상황 속에서 주변 열강에게 먼저 짓밟히지 않기 위해 아합은 더 높은 성을 쌓고 더 많은 병거를 사 모으지 않으면 안 되었다. 그리고 그것을 위해 나봇 같은 사람들의

니느웨성의 왕실정원:
아합이 나봇의 포도원을 탐냈던 이유는 좀 더 정확하게 말하자면
왕실정원을 만들기 위해서였다(왕상 21:2). 아마도 아합은 거기에다
니느웨성에 있는 것 같은 이런 '파라다이스(원래 동방의 왕실정원을
지칭하는 말)'를 만들어 그의 왕권을 과시하고 싶었던 것이리라
추측된다.

재산을 더 많이 수탈하지 않으면 안 되었다. 엘리야는 이런 상황
가운데 여호와의 법이 무너지고 백성들은 점점 더 비참해지거
나 더욱 사악해져 가는 현실을 목도할 수밖에 없었다. 이런 흐름
을 홀로 막아서 보려 했지만 그것이 바알 선지자 450명과 싸우
는 것보다 훨씬 더 힘들고 어려운 일이라는 사실에 직면했을 것
이다.

　결국 엘리야는 탈진상태가 되어 이스르엘성을 도망쳐 나왔
다. 엘리야가 이렇게 도망친 것은 결코 문자 그대로 이세벨의 칼
이 두려워서만은 아닐 것이다. 만일 그랬다면 그는 광야 가운데

서 그렇게 죽기를 구하지 않았을 것이다(왕상 19:3). 그는 살고 싶어서 광야로 간 것이 아니라 도리어 살고 싶지 않아서 간 것이다. 즉 세상에 대한 깊은 환멸 때문에 스스로 고립을 선택한 것이다. 오늘날 많은 사람들이 그런 것처럼 말이다.

본질과 방식

엘리야의 상황은 결코 엘리야만의 상황이 아니며 그의 좌절
은 그만의 좌절이 아니다. 엘리야의 시대는 곧 우리의 시대이며
엘리야의 좌절은 오늘날 많은 한국 목회자들이 겪는 좌절이기
도 하다. 이것은 단지 한국사회나 교회가 아합의 때처럼 악해졌
다는 의미만이 아니다. 사실 세상의 악은 항존하는 문제이다. 그
렇다면 오늘날 한국교회의 목회자들이 엘리야의 좌절에 빠졌다
는 것은 지금이 어떤 상황임을 의미하는가?

이 물음은 왜 다윗의 시대에는 하나님 뜻에 합한 왕국 건설
이 가능했는데 엘리야의 시대에는 어려웠는가, 라는 물음으로
이어진다. 이 물음에는 아합이 다윗과 같지 않았기 때문이라 답
할 수 있다. 주지하듯 "다윗과 같지 않았다"는 것은 아합을 포함
한 여러 이스라엘왕들에 대한 열왕기서의 평가이며, 또 오늘날
목회자들이 자신의 교회가 부흥하지 못하는 원인으로 생각하는
이유이기도 하다. 목회자인 자신이 과거 누구만 못하기 때문에
자신의 교회가 성장하지 못한다는 것이다. 그런데 진정 그것이
원인인가? 만일 다윗이 아합의 자리에 앉았다면 결과가 달랐을
까? 물론 어느 정도 그랬을 것이다. 그러나 이와 비슷하게 길선
주 목사가 지금 담임목사라면 우리 교회는 현재 1907년 같은 대
부흥을 경험하고 있을까?

여기서 말하고자 하는 것은 사람이 문제이지만 단지 그것만

은 아니라는 것이다. 더 중요한 문제는 시대가 달라졌다는 것이다. 시대가 단지 악해진 것이 아니라 달라졌다. 오늘날 목회자들이 좌절에 빠진 이유는 과거와 다른 시대에 과거와 같은 생각과 방법만을 되풀이하고 있기 때문이 아닐까? 목회는 변화에 적응하는 것보다 변하지 않는 본질을 붙드는 것이 중요하다고 혹자는 말할지 모른다. 옳은 말이다. 그러나 함정에 빠지기 쉬운 말이기도 하다. 만일 변하는 시대 가운데 변화된 방식으로 하나님이 우리를 이끌고 계신다면 우리가 고집하는 그 '변하지 않는 본질'이란 무엇인가? 변하는 방식과 변하지 않는 본질을 혼동하지 말아야 한다. 우리가 기존의 방식을 고집하면서 그것이 본질이라 말하고, 그러면서 정작 진짜 본질은 놓치고 있지 않은지 돌아보아야 한다.

엘리야는 본질을 놓쳤는가? 아니다. '오직 여호와가 하나님이라'는 본질을 붙들었다. 어느 때나 변하지 않는 본질이다. 그러한 본질에 입각하여 바알과 싸워야 하는 것 역시 과거나 현재나 변하지 않는 본질이다. 그러나 바알과 싸우는 방식은 시대에 따라 달라질 수 있다. 엘리야 시대 이후에 하나님께서 바알과 싸우게 하신 방식이 이전 시대의 방식과 다를 수 있다. 생각컨대 설사 다윗이 아합의 위에 앉았을지라도 하나님께서 이전과 동일한 방식으로 그가 적과 싸우게 하지는 않았을 것이다. 이 말은 그가 돌팔매를 들고 앗수르를 맞으러 가게 하지 않았으리라는 의미가 아니다.

실제로 하나님께서는 엘리야 시대 이후에 이스라엘로 하여금 이방 나라에 포로로 잡혀가게 하셨다. 물론 성경이 말하는 대로 당신의 백성이 하나님을 버림으로 하나님께서도 그들을 버리신 결과이기도 하다. 그러나 하나님을 버리지 않고 바알에게 무릎 꿇지 않은 사람들도 이방에 사로잡혀 가게 히 셨다. 따라서 이것을 징벌로만 볼 것이 아니라 하나님의 새로운 방식으로 보아야 한다. 나는 이것이 곧 새로운 시대에 하나님께서 그의 백성으로 하여금 그 달라진 세상과 싸워 이기게 하신 방식이라고 믿는다. 이 방식이란 바로 예수께서 세상과 싸워 이기신 방식이다.

이처럼 하나님께서는 우리 역시 전과 다른 방식으로 세상과 싸워 이기게 하신다. 구약시대와 다른 방식으로 세상과 싸우게 하신다는 의미가 아니라 한국교회의 이전과 다른 방식으로 그렇게 하게 하신다는 의미이다. 구체적으로 그 다른 방식이란 무엇인가? 이것을 알기 위해 다시 엘리야와 엘리사의 시대로 돌아가 보자. 거기서 하나님께서 그들을 어떤 새로운 길로 이끄셨는지 살펴보도록 하자. 그들의 시대가 지금과 전혀 다른 시대인데 왜 우리가 지금 그 시대를 들여다보아야 하느냐 묻는다면 나는 그 속에 변치 않는 본질이 있기 때문이라 답할 것이다.

3

구원사의

시대

전환

하나님을 향한 열망

엘리야는 로뎀나무 아래 쓰러져 잠이 들었다. 이렇게 잠이 든 모습도 우울증의 한 증상이라 볼 수 있는데, 대개 이런 잠은 현실에서 살아갈 힘을 잃어버린 내적 상태를 드러낸다. 아마도 엘리야는 지금까지 열정적으로 달려온 만큼 극심한 탈진을 경험하며 로뎀나무 아래 쓰러져 버렸을 것이다. 그리고 단지 광야의 태양광 때문만 아니라 깊은 절망 때문에, 그의 기대와 너무나 다른 현실에 대해 그만 눈을 감아 버렸던 것이리라.

엘리야가 로뎀나무 아래 잠이 듦과 함께 그의 사역의 전반부는 막을 내린다. 그런데 로뎀나무 아래 막이 내린 것은 그의 사역의 전반부만 아니라 실상 하나님의 구원사의 한 시대였다. 이 책에서는 그 로뎀나무 아래 막이 내린 시대를 '율법시대'라 부르고, 이후 새롭게 막이 오르는 시대를 '선지시대'라 부르겠다. 엘리야의 로뎀나무는 구원사의 두 시대를 가르는 분기점이 된다. 이제 본 장에서 전환되는 두 시대 사이의 차이점에 대해 함께 생각해 보려 한다. 그런데 먼저 주목해 봐야 할 것은 엘리야가 가진 열정이다. 왜냐하면 이 열정이야말로 엘리야가 전 시대의 마지막 주자가 아니라 새 시대의 선두주자가 되게 한 요인이라고 볼 수 있기 때문이다.

만일 엘리야가 그 로뎀나무 아래 그대로 쓰러져 일어나지 못했더라면 어땠을까? 그랬다면 그는 어쩌면 그 저무는 시대의 마지막 주자로 안타깝게 경주를 마쳤을지 모른다. 그러나 그는 거기서 다시 일어나 새로운 시대의 첫 주자가 된다. 이것은 물론 하나님께서 그에게 새 힘을 주셨기 때문이다. 하나님께서는 천사를 보내셔서 그를 깨워 "숯불에 구운 떡과 한 병 물"을 먹게 하셨다(왕상 19:6).

'숯불에 구운 떡'이 의미하는 것은 삶의 희망을 잃어버린 자를 다시 일으키시는 하나님의 은혜이다. 성경 전체에서 이렇게 '숯불에 구운 떡'이라는 표현은 단 두 군데 나온다. 한 곳이 이 열왕기상 19장 6절이고 다른 한 곳은 신약성경 요한복음 21장 9절이다. 바로 예수께서 갈릴리바닷가에서 제자들을 위해 준비한 조반을 묘사한 구절이다. '숯불에 구운 떡'은 석탄을 많이 함유한 돌을 불에 달궈서 그 위에 반죽을 올려 구운 떡을 말한다. 이것은 예수께서 그의 낙심한 제자들을 위로하시고 다시 일으켜 세우시려고 준비하신 떡이었다. 열왕기상 19장에서 천사가 엘리야에게 준 그 '숯불에 구운 떡'도 같은 떡이라 할 수 있다. 그것은 더 이상 앞으로 나아가지 못하고 쓰러진 당신의 종을 다시 일으켜 세우시는 하나님의 은혜였다.

그렇지만 엘리야가 다시 일어설 수 있었던 것은 비단 천사가 준 그 떡 때문만은 아니다. 그의 안에는 여전히 불타고 있는 하나님을 향한 열정이 있었다. 이러한 그의 열정을 사십주 사십야를 걸어 호렙산에 이르는 그의 모습에서 확인할 수 있다. 아마도 애초에 그가 네게브광야로 내려올 때 마음에 품었던 목적지가 바로 이 호렙산이었을 것이다. 그가 이렇게 호렙산에 오르려 한 이유는 사역자로서 그의 모델이 모세였다는 데서 유추할 수 있다. 이스라엘 백성이 하나님을 배반했을 때 모세가 호렙산에 올랐던 것처럼 아마 엘리야도 호렙산에 올라 하나님을 뵙기를 원했던 것이리라.

엘리야의 열정이란 자신의 모든 꿈이 무너진 상황에서도 하나님의 얼굴을 뵙고자 했던 열심을 의미한다. 엘리야의 열정이 자신의 꿈을 이루기 위한 것이었다면 이처럼 좌절을 딛고 이곳까지 올라올 수 없었을 것이다. 그의 열정은 기본적으로 하나님을 향한 열망이었다. 이 점을 이 호렙산의 엘리야에게서도 확인할 수 있다. 그리고 바로 이를 통해 진정한 하나님의 사람이 어떤 사람인지 알 수 있다. 또 그런 사람이 왜 넘어지지만 완전히 엎드러지지 않는지 알 수 있다. 또 왜 엘리야가 비록 고지식한 사람이지만 그럼에도 불구하고 새 시대의 첫 번째 주자가 될 수 있었는지 알게 된다.

하나님을 사모하는 열심, 이것은 오늘날에도 진정한 하나님의 사람을 구별 짓는 특징임에 분명하다. 또한 시대를 막론하고 하나님께서 쓰시는 사람의 특징이기도 하다. 하나님을 사랑하고 그의 뜻을 구하는 사람은 시대가 바뀌어도 계속해서 하나님이 새롭게 쓰시는 그릇이 된다. 한국교회가 가진 여러 문제점들에도 불구하고 계속해서 새 시대에 하나님의 요긴한 그릇이 될 수밖에 없는 이유도 여기에 있다. 한국교회가 가진 열심, 하나님을 향한 열심에 있다. 아무리 시대를 분별하는 혜안과 세상을 바꿀 대안이 있어도 하나님을 향한 열망이 없다면 그 사람 또는 교회는 하나님이 쓰시는 그릇이 될 수 없다. 이런 의미에서 한국교회에 새로운 신학이나 대안이 적다는 사실보다 오히려 이제껏 한국교회를 특징짓던 그 열정이 식어지고 있다는 점을 염려해야 한다.

한국교회를 생각하면 밤새 기도하고 새벽을 깨우며 주의 이름을 부르는 모습, 전국 방방곡곡의 기도원에서 가슴을 치며 하나님을 찾는 성도들의 모습이 떠오른다. 그러나 안타깝게도 점점 더 찾아보기 어려운 것이 되어 가고 있다. 하나님께서 찾으시는 사람은 여전히 그렇게 하나님의 얼굴을 구하는 사람이다. 하나님께서 엘리야를 통해 새 시대를 여셨던 것처럼 하나님께서는 지금도 바로 그런 사람을 통해 새 일을 시작하신다.

율법시대와 선지시대

변화산에 오른 예수께서 구약시대를 대표하는 두 인물을 만나 대화하시는 장면을 성경에서 볼 수 있다(눅 9:28-30). 그 두 인물이 바로 모세와 엘리야이다. 그리고 그 두 인물이 대표하는 두 시대가 앞에서 말한 율법시대와 선지시대이다. 이중 율법시대의 서막을 연 것이 모세라면 선지시대의 서막을 연 선지자는 다름 아닌 엘리야였다.

구약시대의 역사는 크게 포로기 이전과 이후로 나눌 수 있다. 포로기 이전은 출애굽한 이스라엘 백성이 가나안에서 새로운 민족국가를 형성했던 시기이다. 이러한 이스라엘 국가형성기의 서장을 열었던 인물이 바로 모세이다. 그리고 그가 기록한 모세오경이 새로운 이스라엘의 초석이 되었다. 처음에 모세의 영도하에 부족연맹체로 출발했던 이스라엘은 사울과 다윗의 시대에 왕정국가로 성장하여 전성기를 누린다. 그러나 이후 남북으로 분열되면서 점차 쇠퇴일로를 걷는다.

이러한 분열왕국 시기는 이미 잠재적으로 그다음 시대인 포로기의 시작이라 볼 수 있다. 그 왕과 백성의 타락으로 이미 이때부터 그들의 멸망이 예견되고 있었기 때문이다. 다시 말해 이 시기는 하나님의 관점에서 볼 때 이미 다음 시대인 선지시대의 시작이라고 할 수 있다.

일반적으로 구약사에서 포로기라 부르는 시기를 왜 이 책에서는 선지시대라 부르는가? 비록 그들이 나라를 잃고 흩어졌지만 하나님의 관점에서는 그렇게 흩어짐으로 열방에 하나님의 구원이 전파되기 시작하기 때문이다. 이전의 이스라엘 국가형성기를 그 기초가 율법이었다는 의미에서 율법시대라 부른다면, 이후 그들이 열방 가운데 흩어지고 하나님의 구원이 온 세상에 전파되는 이 시기는 선지시대라 부를 수 있다. 이 시대의 주역이 그렇게 흩어진 "열방의 선지자"들이었기 때문이다.[1] 율법시대의 서두에 모세가 있었던 것처럼 새 시대의 서두에 엘리야가 있었다.

그러면 엘리야는 어떻게 전 시대의 마지막이 아니라 새 시대의 선두주자가 될 수 있었을까? 이미 말했듯이 그가 어떤 선견지명이 있어서라기보다 하나님을 향한 열심이 있었기 때문이다. 그 열심 때문에 그는 호렙산으로 나아갔고 거기서 새 시대를 여시는 하나님을 만날 수 있었다.

엘리야가 호렙산으로 간 이유가 옛날 모세처럼 하나님을 친히 뵙기 위해서였다는 사실을 열왕기상 19장 기록에서 추정할 수 있다. 이 기록이 원래 엘리야 자신의 기록이라고 볼 수밖에 없는 이유는 그곳에서의 일을 증언할 사람이 그밖에 없었기 때문이다. 그는 동굴 안에 머물렀는데, 하나님께서는 그런 그를 동굴 어귀에 나아가 서게 하셨다. 그리고 그의 앞으로 강한 바람과 지진과 불이 차례로 지나갔다. 그러나 그 바람과 지진과 불 "가

---

1   "열방의 선지자"라는 이 표현은 하나님이 쓰신 표현으로 예레미야에 하신 다음 말씀에서 나타난다. "…너를 열방의 선지자로 세웠노라"(렘 1:5).

운데 하나님이 계시지 않았다"(왕상 19:11-12)고 그는 기록한다. 이것은 역으로 그가 그 가운데서 하나님을 뵙기를 기대했었음을 시사한다. 그러나 그가 기대했던 대로의 일은 일어나지 않았다. 그러면 결국 그가 이 산 위에서 하나님을 뵙지 못했다고 보아야 하는가? 물론 아니다.

엘리야는 분명 하나님을 만났다. 실상 그가 만난 하나님은 바람과 지진과 불로 임하신 하나님이다. 과거 모세가 만났던 그런 하나님을 뵙기 원했지만 정작 그는 과거의 하나님이 아니라 미래의 하나님을 만났다. 바람과 지진과 불로 임하신 하나님이 미래의 하나님이라고 하는 이유는 8백여 년 후 마가의 다락방에 그것과 동일한 모습으로 임하신 하나님이시기 때문이다. 엘리야가 새 시대의 첫 번째 주자가 될 수 있었던 것은 그에게 임하신 하나님이 과거가 아니라 미래의 하나님이셨기 때문이다. 하나님의 새로운 시대는 사람이 아니라 하나님이 여시는 시대이다. 엘리야가 이제 마주하는 시대는 그에게 임하신 성령께서 여시는 새 시대였던 것이다.

하나님의 새로운 사명

성령께서 엘리야에게 임하심으로 나타난 변화는 무엇보다 그의 내면의 변화였다. 이러한 변화를 열왕기상 19장에서 하나님 물음에 답하는 그의 모습에서 엿볼 수 있다.

> 그가 대답하되 내가 만군의 하나님 여호와께 열심이 유별하오니 이는 이스라엘 자손이 주의 언약을 버리고 주의 제단을 헐며 칼로 주의 선지자들을 죽였음이오며 오직 나만 남았거늘 그들이 내 생명을 찾아 빼앗으려 하나이다(왕상 19:14)

표면적으로 이 대답은 앞의 10절의 대답과 전혀 달라지지 않았다. 달라진 것은 그가 서 있는 자리이다. 10절에서 동굴 안에 숨어 있던 그는 이제 14절에서 동굴 밖에 나가 세상을 마주하고 서 있다. 이러한 장소의 변화는 그의 내면의 변화를 시사한다. 현실은 하나도 달라진 것이 없다. 그러나 그 현실을 대하는 엘리야의 태도가 달라졌다. 이전에 그가 동굴 안처럼 어두운 자기 안에 갇혀 있었다면 이제 그는 여전히 두렵지만 당당히 나아가 현실을 마주하고 섰다. 이러한 그에게 하나님의 새로운 사명이 주어졌다.

그런데 이렇게 새로운 사명을 받는 엘리야에게는 여전히 일말의 아둔함이 남아 있다. 이 점은 그에게 "세미한 음성"으로 말씀하시는 하나님의 사명을 선뜻 이해하지 못하는 데서 엿볼 수 있다.[2] 그가 선뜻 이해하지 못한 하나님의 명령은 다음과 같은 것이었다.

> 여호와께서 그에게 이르시되 너는 네 길을 돌이켜 광야를 통하여 다메섹에 가서 이르거든 하사엘에게 기름을 부어 아람의 왕이 되게 하고 너는 또 님시의 아들 예후에게 기름을 부어 이스라엘의 왕이 되게 하고 또 아벨므홀라 사밧의 아들 엘리사에게 기름을 부어 너를 대신하여 선지자가 되게 하라(왕상 19:15-16)

엘리야가 이 말씀을 들었지만 그 의미를 선뜻 이해하지 못했다고 볼 수 있는 이유는 그가 엘리사를 수제자로 삼은 일 외에 나머지 두 명령을 생전에 직접 수행하지 않았기 때문이다. 나머지 두 명령은 결국 이후에 그의 후계자인 엘리사가 대행하게 된다.[3] 왜 엘리야는 생전에 자신이 받은 하나님 명령을 직접 수행하지 않았을까? 이 이유를 이해하려면 그 시대 엘리야의 입장에 서 봐야 한다. 그 하나님의 명령이 당시 그에게 어떻게 받아들여졌을지 생각해 보아야 한다.

---

2   어쩌면 이런 하나님의 말씀이 "세미하게" 들렸다는 것이 그가 그 명령을 선뜻 이해하지 못하거나 납득하기 어려웠다는 점을 시사하는 것인지도 모른다.

3   하사엘에게 기름을 부으라는 사명은 엘리야의 후계자인 엘리사가 열왕기 8장에 이르러 수행하고, 예후에게 기름을 부으라는 명령은 역시 엘리사가 열왕기 9장에서 그의 사환을 시켜서 수행한다. 결국 하나님이 엘리야에게 주신 명령이 직접 그에 의해서가 아니라 그의 후계자인 엘리사에 의해 대략 20년 지체되어서 행해졌던 것이다.

첫째, 하사엘에게 기름을 부어 아람왕이 되게 하라는 하나님의 명령은 그가 듣기에 도무지 합당한 일이 아닌 일처럼 느껴졌을 것이다. 율법시대의 선지자에게 이방나라의 왕권 교체는 전혀 관심사가 될 수 없었다. 그의 관심은 오직 이스라엘의 부흥에 있었기 때문이다.

둘째, 님시의 아들 예후에게 기름을 부어 이스라엘왕이 되게 하라는 명령은 당시 그로서 차마 실행하기 어려운 일이었으리라는 점을 지금도 충분히 이해할 수 있다. 왜냐하면 왕위전복을 주동하라는 의미에 다름 아니었기 때문이다. 율법시대의 관점에서 볼 때 왕은 비록 악할지언정 하나님의 기름부음 받은 자였다(삼상 24:6).

무엇보다 중요한 또 한 가지, 엘리야가 그 하나님의 명령을 수용하기 어려웠던 이유는 아마도 하나님께서 "기름부으라"(왕상 19:15) 하신 그 사람들이 도무지 당시 기준에서는 그런 '기름부음'에 합당한 사람들이 아니었기 때문일 것이다. 그들은 이방 사람이거나 알려지지 않은 주변인들이었다. 율법시대의 기준에서 기름부음은 왕이나 제사장에게 합당한 일이었다. 즉 기름부음이란 다윗이나 아론의 자손에게 기름을 부어 그들로 하여금 이스라엘 목자의 역할을 감당케 하는 일이었다.

구원사의 패러다임 전환

   율법시대에서 선지시대로의 전환은 거대한 구원사의 패러다임 전환이었다. 때문에 그러한 시기를 지나는 사람들에게는 이해하기 어려운 상황의 연속으로 경험될 수 있다. 엘리야의 경험이 바로 그런 것이었으리라고 볼 수 있다. 당시 그가 경험한 현실은 대부분의 다른 이스라엘 사람들에게도 마찬가지로 기존의 사고방식으로 도무지 받아들이기 어려운 것이었다.

   선지시대가 율법시대와 다른 점은 이스라엘에게 부여된 시대적 사명이 달라진 데 있다. 율법시대 이스라엘의 사명은 율법에 기록된 것처럼 "제사장 나라가 되며 거룩한 하나님의 백성"(출 19:6)이 되는 것이다. 율법시대 사람들에게는 이것이 그들의 지상과제였으며 이를 넘어선 하나님의 목적은 아직 생각하기 어려웠다. 그러나 실상 이스라엘이 "제사장 나라가 되리라"는 말씀 속에는 이미 그것을 넘어서는 하나님 계획이 내포되어 있다. 곧 그들을 통해서 온 열방이 구원을 얻게 하시려는 하나님의 계획이었다. 이를 위해 이제 이스라엘에게 새롭게 주어진 사명은 그들이 온 세상에 구원의 씨앗으로 흩뿌려지는 일이었다.

   또 한 가지 선지시대가 율법시대와 다른 점은 예배의 중심이 달라진 점이다. 그들이 흩어진 이방에는 성전도 제사장도 없었다. 때문에 그것을 대신해 하나님의 말씀이 새로운 예배의 중심이 되었다. 즉 안식일마다 그들이 모인 회당에서 성경이 낭송되고 그 말씀에 화답하는 기도와 찬송으로 예배가 이루어졌다. 이러한 회당예배에서 주목할 점은 그 예배에 참석한 사람들이 비단 흩어진 이스라엘 사람들만 아니라 하나님을 알고자 찾아온 이방인 구도자들이기도 했다는 사실이다. 주지하듯 바로 이들이 이후에 복음을 받아들여 "그리스도인"(행 11:26), 즉 새로운 기름부음 받은 자들이라 일컬어지게 되는 사람들이다.

마지막으로 선지시대가 이전 율법시대와 다른 점은 그 시대의 주역이 달라진 점이다. 모세 이후 율법시대의 주역이 왕과 제사장들이었다면, 선지시대에는 다양한 출신과 배경의 선지자들이 그 주역이 된다. 성경의 대소선지서들을 기록한 선지자들이 바로 이들인데, 이제 이들이 하나님의 새로운 기름부음 받은 자로 구원사의 주역이 되는 것이다. 선지시대를 선지시대라 부르는 것은 이와 같은 "열방의 선지자들"(렘 1:5)이 주역 된 시대이기 때문이다. 물론 엘리야 이전에도 모세를 비롯하여 사무엘이나 나단 같은 선지자들이 있었다. 그러나 엘리야 이후의 선지자들이 이전과 다른 점은 이제 그들이 비단 이스라엘만 아니라 열방에 대해서도 하나님의 말씀을 선포하기 시작했다는 점이다. 그들이 스스로 의식했든 못했든 하나님께서는 이미 그들을 통해 열방을 향한 당신의 계획을 이루어 가고 계셨던 것이다.

그런데 정작 새 시대의 선두주자인 엘리야가 아직 그러한 하나님의 계획을 분명히 깨닫지도, 그래서 선뜻 그 명령을 수행하지도 못했다고 볼 수밖에 없다. 그는 왜 자신이 이방 사람에게까지 기름을 부어야 하는지 잘 이해하지 못했다. 율법에 따르면 기름부음은 이스라엘왕과 제사장에게나 합당한 것이었기 때문이

85

다. 그것을 통해 그들이 이스라엘의 목자로 세워지도록 돕는 일이 그의 일이었다. 그는 여전히 율법시대의 관점에 머물러 있었기에 주어진 현실과 사명을 받아들이기 힘들었을 수밖에 없다.

아합은 이스라엘을 이웃나라들처럼 바알을 섬기는 나라로 만들려 했다. 엘리야는 갈멜산의 승리로 아합의 계획을 저지할 수 있었지만 그 과정에서 이스라엘의 우상숭배를 뿌리 뽑는 일이 생각만큼 그리 단순하지 않은 일임을 깨달았을 것이다. 표면적 종교 회복과 달리 실질적으로 여호와의 법과 공의는 계속해서 이스라엘 땅에서 무너져 가고 있었다.

실제로 엘리야는 호렙산 이후 이스라엘 왕실로 돌아가지 않았다. 이것은 그가 시도했던 '위로부터의 개혁'을 마침내 포기했음을 시사하는 것이다. 그는 이후 산에 칩거하며 다만 이따금씩 나타나 왕을 꾸짖는 역할만 한다. 이러한 엘리야에게서 현실에 대한 분노를 느낄 수 있다. 아마 그 때문에 그는 왕실로부터 더욱 외면을 받았던 것인지 모른다. 아하시야왕이 보낸 군인들을 불타 죽게 하는 장면에서 그를 외면하는 세상에 대해 더욱 격해진 그의 분노를 느낄 수 있다(왕하 1:10). 그러나 결과적으로 그는 도리어 세상으로부터 더욱 소외되고 만다.

물론 이 당시 바알에게 무릎 꿇지 않은 사람들, "선지자의 제자들"이라 불리는 사람들이 그를 중심으로 결집했던 것으로 보인다. 그런데 이 제자들의 결집이 엘리야 자신의 적극적 주도로 이루어진 일인지, 함께했던 엘리사의 중간 역할로 가능했는지는 분명히 알 수 없다. 아마 실상은 후자에 가까웠을 것이다. 엘리야가 시종 그 혼자만의 길을 고집하는 사람이었기 때문이다.

교회 왕국주의의 좌절

홀로 산에 고립되어 분노하고 있는 엘리야의 모습은 오늘날 한국 군소교회의 고립된 목회자들을 연상케 한다. 특히 일평생 사역에 헌신하며 하나님을 섬겨 온 지역교회 목회자들을 떠올리게 된다. 이들의 상당수는 엘리야처럼 고립과 분노, 그로 인한 우울증에 빠져 있다. 한국사회와 교회의 현실은 그들이 품어 왔던 부흥의 비전과는 너무 멀게만 보인다. 세상 사람들, 특히 세상 유력자들이 그들에게서 등을 돌리고 이제 그들 곁에는 소수의 착하고 충직한 교인들만 남아 있다. 그들은 소중한 하나님의 백성이지만 세상에서는 힘없고 이름 없는 자들이다. 이들만으로 그들이 꿈꾼 부흥을 실현하기에는 역부족으로 느껴진다. 그래서 그들은 낙심과 우울감에 빠져 있다.

그런데 왜 이렇게 되었을까? 엘리야가 고백한 것처럼 그들이 윗세대만 못해서일까? 거듭 말하지만 더 중요한 이유는 세상 자체가 바뀌었다는 것이다. 그들에게 문제가 있다면 이런 세상의 변화를 충분히 파악하지 못했다는 점일 것이다. 그러면 이 시대에 우리가 제대로 보지 못하고 있는 변화, 그 변화 가운데 하나님께서 행하시는 일은 어떤 일인가? 이런 물음을 가지고 다시 엘리야의 모습에 한국 목회자들의 현실을 비추어 보자.

엘리야에게서와 마찬가지로 한국 목회자들에게서도 발견할 수 있는 한계는 그들이 생각하는 교회 부흥 너머의 더 큰 하나님의 계획을 잘 보지 못하고 있다는 점이다. 만일 선지시대의 하나님을 오늘날 현실 속에서 만난다면 그 하나님의 계획은 현재 이 지역교회의 범위를 넘어서는 일일 것이 분명하다. 즉 우리의 관심이 이 지역교회에 갇혀 있을 때 하나님께서는 이 지역교회를 넘어 더 넓은 세상 가운데서 당신의 일을 이루려 하신다. 그 일은 곧 이제까지 교회가 관심을 갖지 못하던 세상 가운데 하나님의 공의가 실현되는 일이다. 이에 대해 혹자는 이렇게 반문할지 모른다. 지금까지 한국교회는 그 무엇보다 저 바깥세상의 복음화와 선교를 위해 힘써 오지 않았느냐고… 그렇다. 그것은 사실이다. 그러나 이제까지 교회의 '전도'와 '선교'는 너무나 교회 중심적이었다. 다시 말해 너무나 교회로 사람들을 데려오는 데 집중된 사역이었다.

성경의 솔로몬 시대에도 스바 여왕을 비롯한 이방인들이 예루살렘에 초청을 받아 와서 하나님의 성전의 위의를 보고 감탄하며 돌아간 일이 있었다. 그런데 이와 같은 방식으로 열방에 여호와의 이름이 전해지는 것과 이후 선지시대에 하나님의 이름이 전해진 방식은 서로 매우 다른 것이다. 무엇보다 다른 점은 왕국시대의 선교가 어디까지나 왕과 예루살렘 중심이었다면 선지시대 선교는 열방 가운데 흩어진 하나님의 사람들을 중심으로 이루어졌다. 그것도 솔로몬이 가진 것 같은 탁월함과 높은 지위를 가진 사람들이 아니라 세상 가운데 낮고 이름 없는 자들, 힘없는 포로들이 그 중심이 되었다. 하나님께서는 이처럼 낮고 힘없는 자들을 통해 그들보다 높고 힘 있는 사람들을 변화시켰던 것이다.

‘흩어지는 교회론’은 이미 수십 년 전부터 한국교회에서도 거론되어 온 것이다. 그러나 교회목회의 실상은 아직 그것과 거리가 멀다. “일단 모여서 힘을 기르지 않으면…”이라는 전제가 사실상 현실교회를 지배하고 있다. 그 전제는 곧 현실적으로 교회가 상당한 인력과 재력을 갖추지 않으면 밖에 나가서 선교도 할 수 없고 사회적 영향력도 미칠 수 없다는 생각이다. 그런데 이러한 생각이 바로 왕국시대적인 사고방식이라는 점을 지적할 수 있다. 즉 하나님의 나라를 이스라엘왕국에 국한시키는 사고방식이다.

오늘날 목회자들이 생각하는 이스라엘왕국은 바로 그들의 지역교회이다. 그들이 이끄는 지역교회의 영향력이 마치 솔로몬왕국처럼 주변에 확장되어야만 하나님 나라도 함께 확장된다고 생각한다. 이 지점에서 많은 독자들은 반문할지 모른다. 그러면 그것이 아니라는 말이냐고…

이 물음에 답하기 전에 먼저 우회적으로 지적할 점은 이렇다. 지금 현실 속에서 먼저 지역교회부터 성장시키고 이를 통해 세상을 바꾼다는 전략은 계속적으로 목표 달성의 지연과 좌절에 봉착할 가능성이 크다. 왜냐하면 먼저 지역교회를 성장시킨다는 전제조건부터 잘 실현이 되지 않기 때문이다. 마치 엘리야의 부흥 운동이 이세벨에게 막힌 것처럼 오늘의 냉엄한 현실 앞에 그런 교회의 꿈은 쉽게 좌절되고 말 공산이 크다. 이렇게 말하고 있는 나 역시 이것이 내 교회의 경우는 아니기를 바라지만 말이다.

이 책을 쓰고 있는 2022년 현재 한국교회는 이미 3년째 코로나 팬데믹이라는 전대미문의 어려운 상황 속에 휘말려 있다. 이전부터 많은 사람들이 교회를 떠나고 있었는데 코로나로 인해 교인의 절반 이상이 자취를 감춘 교회들이 속출하고 있다. 우리가 직면하고 있는 현실은 설령 이 코로나 상황이 무사히 잘 종식된다 할지라도 떠나간 교인들이 다시 돌아오리라 확신하기 어렵다는 것이다. 그렇다면 냉정하게 현실을 직시하고 우리가 가진 전제를 재고해 보아야 한다. 코로나 상황을 허락하신 것이 하나님이시라면 이 상황에 담긴 하나님의 뜻은 무엇인가? 어쩌면 답은 그리 어려운 것이 아니다. 그것은 바로 그들이 흩어진 그 자리에서 마치 바벨론에 잡혀간 포로들처럼 하나님의 뜻을 따라 선교적 삶을 사는 것이다. 그렇다면 그들을 위한 교회의 역할은 무엇인가? 이 시대의 다니엘들인 그들이 그처럼 각자의 자리에서 자신의 소명을 다할 수 있도록 지원하는 일이 바로 교회의 역할이다. 그러기 위해서는 반드시 교회가 크거나 세상적으로 힘이 있어야 하는 것은 아니다.

한국교회의 선지자적 사명

한국에서 코로나가 기승을 부리기 시작하던 2020년 1월 기독교윤리실천운동본부(기윤실)가 실시한 설문조사 결과는 지금 시대에 하나님께서 교회에게 하시는 말씀이 무엇인지 다시 생각해 보게 한다. 이 보고서에 따르면 3년 전인 2017년과 비교할 때 한국교회에 대한 한국인들의 신뢰도는 유의미하게 하락했다.[4] 예상할 수 있듯이 한 해가 지난 2021년 목회데이터연구소 조사에 따르면 한국교회 신뢰도는 다시 1년간 21퍼센트로, 2020년 32퍼센트에 비해 11퍼센트나 급감했다.[5] 2020년 기윤실 보고서를 좀 더 구체적으로 살펴보면 한국교회가 "교회 밖의 세상과 소통하지 않는다"는 평가가 61.6퍼센트로 교회가 세상과 단절된 데 대한 사람들의 부정적 인식이 아주 심각한 수준임을 알 수 있다.[6] 또한 "한국교회가 사회문제 해결 및 사회통합에 기여하고 있지 않다"는 응답자가 64.7퍼센트로 역시 교회가 사회적 책임을 외면하는 데 대한 부정적 인식이 큰 것을 볼 수 있다.[7]

---

4 정연승, "2020년 한국교회의 사회적 신뢰도 여론조사 결과 분석", 〈2020년 교회의 사회적 신뢰도 여론조사 결과 발표 세미나〉(기독교윤리실천운동, 2020. 2. 7), 64, https://cemk.org/resource/15704/

5 목회데이터연구소, 〈numbers〉 제82호(2021. 1. 29), 3, http://mhdata.or.kr/mailing/Numbers82nd_210129_Full_Report.pdf

6 정연승, "2020년 한국교회의 사회적 신뢰도 여론조사 결과 분석", 71.

7 앞의 논문, 72.

그런데 여기서 우리가 동시에 주목해야 하는 것은 이렇게 교회에 대해 부정적 인식을 표현한 그들 중 다수(응답자 전체의 30.7퍼센트)가 여전히 "한국사회에 가장 도움이 되는 사회봉사 활동을 하는 종교"로 기독교를 꼽고 있다는 사실이다. 이 두 응답 사이의 일견 모순된 점을 어떻게 설명할 수 있을까? 그것은 곧 세상이 한국교회의 대사회적 역할에 대해 여전히 많은 기대를 갖고 있으나 그에 비해 현재는 매우 실망스러운 수준이라는 것이다. 이러한 진단은 개신교인, 비개신교인 응답자 공통으로 한국교회에 가장 바라는 바가 "자기 교회 중심에서 벗어나""지역사회와 한국사회 전체를 섬기는 공적 역할"(개신교인 80퍼센트, 비개신교인 83퍼센트)이라는 목회데이터연구소의 조사 결과로도 거듭 확인된다.[8] 뿐만 아니라 이것은 44.2퍼센트가 향후 교회를 떠나겠다고 대답했던 2030세대 교회 청년들이 바람직한 교회상으로 가장 많이 선택한 항목이 "사회에 올바른 방향을 지시하는 교회"(37.7퍼센트)라는 점과도 부합한다.[9]

요컨대 사람들은 한국교회가 세상에 대해 선지자적 역할을 감당해 줄 것을 기대하고 있다. 이것은 곧 그들을 통해 하나님께서 지금 한국교회에 요청하고 계신 일이라고 생각해야 마땅하지 않을까? 그러나 한국교회는 아직 이러한 요청에 부응하지 못하고 있다. 세상이 보기에 교회는 여전히 '당신들의 천국'에만 머물고 있다. 세상과 동떨어진 교회에서 하나님을 찾지만 실상

---

8   목회데이터연구소, 〈numbers〉 제82호, 6.
9   정재영, "코로나19, 청년, 기독교(1): 변화하는 청년들의 안과 밖", 27.

교인들의 삶을 보면 세상과 별반 다를 바 없다는 것이 세상 사람들의 생각이다. 세상과 마찬가지로 자기 주위에 성을 쌓고 그 안에서 자신들의 소유와 힘을 더 모으려 하는 것이 그들이 보는 교회의 모습이다. 교회지도자들은 정직하지 못하고 윤리적으로 본이 되지 못한다는 것이 세간의 인식이다.[10]

물론 우리는 세간의 인식처럼 교회지도자들이 모두 그와 같지 않다는 사실을 알고 있다. 실제로 "바알에게 무릎 꿇지 않은 칠천"이 눈에 금방 띄지 않는 한국교회 곳곳에 숨어 있다. 그런데 문제는 이렇게 숨어 있는 그들에게 우리가 어떤 새로운 길을 제시할 수 있는가 하는 것이다.

---

10   정연승, "2020년 한국교회의 사회적 신뢰도 여론조사 결과 분석", 75.

다른 시대, 다른 주역들

시대적 사명이 달리졌다는 점과 함께 선지시대가 율법시대와 다른 점은 시대의 주역이 달라졌다는 점이다. 율법시대의 주역이 왕과 제사장이었다면 선지시대의 주역은 다양한 출신과 배경의 선지자들이었다. 그러면 이에 상응하는 한국교회의 변화도 생각해 볼 수 있을까? 사실상 이러한 변화는 이미 한국교회에 일어나고 있다. 현재 한국교회에 일어나고 있는 몇 가지 변화들을 살펴보았다.

이제까지 한국교회의 주역들은 이른바 전임교역자들, 덧붙인다면 장로 등 교회 임직자들이었다. 반면 '평신도'들은 사역자라기보다는 사역의 대상이라는 인식이 지배적이었다. 그러나 이제 이러한 인식이 더 이상 바람직하지도 타당하지도 않다는 것이 점점 더 분명해지고 있다. 우선 현재 한국의 신학교들에는 목회자후보생이 아니라 '평신도'를 대상으로 한 신학과정이 계속 신설되고 있다. 아직까지 이 과정이 목회자 과정과 동등하게 여겨지는 단계는 아니지만 사실상 목회자후보생들과 동등한 신학훈련을 받은 '평신도' 사역자들이 속속 배출되고 있는 것이다.

한국교회의 최근 두드러진 또 다른 현상은 목회자 이중직의 불가피성에 대한 인식이 확대되고 있는 것이다. 신학대학원 졸업생의 절반 이상이 전임목회지를 찾지 못하고 있다. 또한 자립

3 구원사의 시대 전환

이 어려운 수많은 교회목회자들이 '생존'을 위해 구직 현장에 뛰어들고 이로써 이제껏 전임목회자 패러다임을 고집해 오던 교단들도 불가피하게 목회자 이중직을 법제화하고 있다.[11] 이것이 앞의 현상과 함께 시사하는 바는 목회자와 소위 '평신도' 사이의 경계가 무너지고 있다는 사실이다. 누구를 사역자라고 불러야 할지 그 경계가 모호해져 이제 그들을 통합해서 '사역자'라고 부르는 것이 더 타당한 현실이 도래해 있다.

또한 교단 사이의 벽이 허물어지고 교단 간 차별성이 약화되고 있다. 서로 다른 교단 출신들이 함께 사역하는 일이 더 빈번해지는가 하면 교회 교인들도 교단을 따지지 않고 교회를 선택하는 흐름이 가속화되고 있다. 이러한 흐름 속에 이른바 '본교단 목사'만 합법적 목회자라는 기성교회 문화는 점점 사라져 갈 수밖에 없다.

한국교회에서 더욱 변화되어 가는 것은 여성사역자들에 대한 인식이다. 점점 더 많은 교단에서 여성목회자 안수가 당연시 될 뿐 아니라 확대되어 가는 추세이다. 사실상 한국교회에서 여성사역자의 역할은 이미 초창기부터 지대한 것이었다. 그럼에도 불구하고 전통적 교회에서 항상 '주변인'으로 취급되어 왔다. 마치 율법시대에 아론의 자손만을 흠 없는 제사장으로 인정했던 것처럼 본교단 출신 기혼 남성만을 '목사'로 인정하는 관습이 지금까지 기성교회를 지배해 왔다. 그러나 위에 열거한 모든

---

11 장창일 기자, "빠르게 느는 '이중직 목사'… 교단들 '허용 법제화' 논의 활기", 〈국민일보〉(2021. 6. 29), http://news.kmib.co.kr/article/view.asp?arcid=0924198303&code=23111113&sid1=chr

원인으로 말미암아 이러한 관습은 이제 점점 더 지속되기 어려워지고 있다.

또 한 가지 한국교회에서 일어나는 변화는 이제까지 공식, 비공식적으로 사역에서 배제되던 비혼이나 이혼경력자들이 더욱 교회의 중심 리더가 되고 있다는 점이다. 한국교회에 비혼, 이혼자들이 점증하면서 같은 입장에서 그들을 이해하고 함께하는 사역자들이 더 필요할 수밖에 없기 때문이다.

또한 이제까지 이방인으로 인식해 왔던 다양한 해외 출신 사역자들이 한국교회의 중심에 깊이 들어오는 현상이다. 한국의 많은 신학교에서 이미 많은 외국인 졸업생들이 배출되고 있고 한국교회 안에서 다양한 모양으로 사역을 담당하고 있다. 많은 탈북민과 다문화 출신, 이중문화 출신자들 역시 현재 신학교육을 받고 있거나 교회 현장에서 사역 중에 있다. 세계화의 흐름 속에서 국내외의 경계가 무너지고 국제교류가 활발해지는 상황이 이러한 현상을 가속화하는 요인으로 작용하고 있다. 아마도 십수 년 내에 가장 주목받는 교회의 리더가 탈북민 출신이거나 다문화, 이중문화 배경의 목회자가 되는 현실을 맞게 될 것이다.

그런데 이러한 변화를 단순히 주변인이었던 이들이 기성교회의 중심에 들어오는 일로만 생각해서는 안 될 것이다. 사실은 교회 자체가 변하는 것이다. 즉 이전과 다른 사람들이 사역자가 되는 것이 아니라 다양한 기독교인들이 모두 이런저런 모양의 사역자가 되는 변화인 것이다.

추측컨대 앞으로 한국교회는 더 많은 교인들이 교회를 떠나고 양적으로 축소될 가능성이 크다. 대신 남은 자들은 그러한 변화를 견디며 신앙을 붙든 자들인 만큼 더 단단한 신앙인이 되어 있을 것으로 기대된다. 그들 가운데는 실로 다양한 출신과 전공, 다양한 배경의 사람들이 있을 것이고, 교회 안에서만 아니라 교회 밖에서, 즉 그들의 다양한 삶의 현장에서 세상을 섬기는 사역자로 살아가게 될 것이다. 교회는 이전처럼 목회자와 평신도가 서로 상하관계를 이루는 위계적 조직이 아니라 다양한 사역자들이 함께 훈련받으며 서로 네트워크하는 사역자들의 공동체가 될 것이다. 그러면 혹시 성경 속에 이와 같은 공동체의 모델을 찾을 수 있느냐 묻는다면 답은 '그렇다'이다. 바로 엘리야와 그의 후계자 엘리사가 이끌었던 선지자제자들의 공동체이다.

4

부흥의

계승자

진정 안타까워해야 하는 것

신대원 재학 시절 가끔 찾아가던 기도원이 있었다. 한 시간 남짓 차를 달려 찾아가던 경기도 외곽의 한 기도원이었다. 그곳에 가면 부르짖어 기도할 수도 있고, 잠잠히 숲을 거닐며 묵상할 수도 있고, 또 늘 그곳을 지키던 원장님에게 기도를 부탁할 수도 있었다. 아무 때나 찾아가도 맞아 주셨기 때문에 원장님의 개인 연락처조차 챙겨 두지 못한 것이 불찰이었다. 7년여 유학생활을 마치고 귀국해서 다시 그곳을 찾았을 때 전화가 되지 않아 불길한 마음으로 도착한 그곳에서 나는 깜짝 놀라 멈춰 서고 말았다. 기도원이 있던 자리의 언덕이 깎여 나갔고 아마 전원주택을 지으려는 듯한 부지조성작업이 한창이었기 때문이다. 나는 아직도 그 원장님의 행방을 알지 못한다. 너무 죄송한 마음뿐이다.

십수 년 전만 해도 어디를 가나 기도원이 있었고 한적한 곳에 자리한 교회수련원들을 볼 수 있었다. 그중 여러 곳에서는 매일 열리는 저녁집회에서 찬양과 기도 소리가 울려 나오곤 했다. 그러나 이러한 소리를 듣기란 좀처럼 어려운 일이 되고 말았다. 그곳으로부터 우리의 관심이 멀어진 사이 수많은 기도원과 수도원들이 문을 닫고 사라져 버렸기 때문이다.

이렇게 된 원인은 짐작하는 바와 같다. 수십 년간 급변하는 현실 속에서 변화에 적응하기 바쁜 우리가 그곳의 존재를 잊어버리고 살았기 때문이다. 그러는 사이 찾아오는 사람들의 발길이 끊어진 기도원과 수도원들은 결국 재정난을 견디지 못해 문을 닫았고 그 자리에 전원주택이나 여행숙박시설 같은 건물들이 대신 들어서게 되었다. 그나마 아직까지 명맥을 유지하는 기도원이나 수도원들조차도 이제 그곳을 지키던 사람들이 너무 연로하거나 이미 생을 마감해서 새로운 운영자를 찾지만 여의치 않은 까닭에 안타까운 폐쇄를 앞두고 있다.

그런데 기도원이나 수도원이 사라지는 사실 자체보다 더 안타깝게 여겨야 하는 것은 그곳을 지키던 사람들이 지켜온 영적 불씨들이 함께 사라지고 있다는 사실이다. 그 영적인 불씨란 곧 과거 하나님께서 특별히 한국교회에 부어 주신 기도의 열정이다. 이러한 영적 열정은 이제까지 한국교회를 성장시킨 주된 요인이었음이 분명하다. 초창기부터 한국교회를 특징짓던 영적 열정은 선교 1세기만에 한국인 다섯 명 중 한 명이 그리스도를 주로 고백하는, 세계사에 유례를 찾기 어려운 놀라운 회심의 역사를 이루었다. 또한 전국 방방곡곡에 교회와 기도원이 세워지고 세계 170여 개국에 선교사를 파송하는 이례적인 성과를 거두었다. 그러나 우리가 정말 소중히 여겨야 하는 것은 그런 외적인 성과가 아니다. 그러한 외적 성과는 결과물일 뿐, 정말 소중히 여겨야 할 한국교회의 영적 유산은 하나님을 사모하는 열심 자체에 있다. 이것은 엘리사가 가장 소중히 여겼던 것이 엘리야의 영적 열정이었던 것과 마찬가지이다.

이스라엘의 부흥에 성공하지 못했어도 여전히 하나님을 사모하는 엘리야, 아니 그러한 실패로 인해 더욱 하나님을 사모하는 엘리야의 모습에서 그의 열정이 단순히 성공을 향한 열정이 아니었음을 알 수 있다. 오히려 그의 열정은 마치 부모 잃은 아이가 부모를 찾듯 하나님을 사모하는 마음이었다.[1] 이와 마찬가지로 초기 한국교회 역시 나라 잃은 백성이 그들을 불쌍히 여기고 보호해 줄 부모를 찾듯 하나님을 찾았고 기도의 열정은 그들의 심령에 부어졌던 하나님의 은혜였다. 이런 은혜가 부어지는 만큼 더더욱 그들은 하나님을 향한 갈망으로 불타올랐던 것이다.

1970년대 부흥기 부흥집회에 참석했던 사람들이 바로 그러했다. 당시 고향을 떠나 타지에서 고생하던 그들이 하늘 아버지를 향한 간절한 부르짖음에 응답하여 주어진 것이 바로 하나님의 불이었다. 고아 같은 마음을 위로하시며 다시 살아갈 힘을 부어 주시는 하나님의 사랑이었다. 그것이 결과적으로 한국교회의 성장을 가져왔지만 그 영혼들이 원래 열망했던 것은 하나님의 위로이지 교회 성장이 아니었다.

요컨대 정말 안타까워해야 할 한국교회의 현실은 성장이 멈추고 교회나 기도원이 사라져 가는 현실 그 자체가 아니다. 물론 이것도 안타깝지만 이보다 더 안타까운 일은 사람들이 살 소망을 잃어버리고 고아 같이 방황하는 현실이 도래했음에도 하나님 찾는 법을 잃어버렸다는 사실이다. 그들의 가슴에 다시 하나님의 위로를 주고 소망의 불을 되살릴 영적 불씨가 사그라들었기 때문이다. 그런데 이러한 하나님의 불은 하늘에서 주어지는

---

[1] 우리는 "이스라엘 자손이… 주의 선지자들을 죽였음이오며 오직 나만 남았거늘 그들이 내 생명을 찾아 빼앗으려 하나이다"(왕상 19:10)라는 엘리야의 호소에서 마치 어린아이가 부모의 보호를 호소하는 듯한 그의 심리를 엿볼 수 있다. 그의 유별한 열심이란 곧 이처럼 하나님의 보호와 위로를 갈망하는 마음이었던 것이다.

1970년대 판자촌 교회에서 기도하는 여성:
촬영자인 노무라 모토유키 목사에 따르면 이 여인의 남편은 폐병으로
죽었고 사진에 보이는 두 딸 중 한 명도 일찍 죽었으나 남은 딸은
아프리카 선교사가 되었다. 사르밧 과부 같은 여인의 자녀가 "열방의
선지자"가 된 것이다.

것이기도 하지만 동시에 이 땅에 전해져 내려오는 것이기도 하
다. 즉 역사적으로 그러한 불을 하나님에게서 받아 꺼지지 않게
지켜온 사람들을 통해 전수받을 수 있는 것이라는 뜻이다. 이것
이 바로 진정한 의미의 영적 전통이라고 할 수 있다.

하나님의 불

엘리사가 엘리야의 후계자가 되었다는 것은 그가 엘리야의 불을 전수받았다는 의미이다. 기억해야 할 것은 엘리사가 그 불을 전수받았기 때문에 엘리야를 이어 선지자공동체를 이끌며 새로운 시대를 열어 갈 수 있었다는 사실이다.

엘리야의 불이라고 하면 먼저 갈멜산의 제단 위에 떨어진 불을 연상하기 쉽다(왕상 18:38). 혹은 엘리야를 붙잡으러 온 군인들에게 떨어진 불을 생각할 수도 있다(왕하 1:10). 그러나 엘리사가 엘리야에게 전해 받은 불이라고 할 때 기억해야 하는 불은 엘리야가 하나님의 얼굴을 찾아 호렙산에 올랐을 때 그 산 위에서 그에게 임한 불이다.

> 또 지진 후에 불이 있으나 불 가운데에도 여호와께서 계시지 아니하더니 불 후에 세미한 소리가 있는지라(왕상 19:12)

이 불은 엘리야 안에 있던 낙심을 태우고 그 가슴에 새로운 소망을 지피는 불이었다. 이 불이 소중한 이유는 이후 엘리사에게 전수되고 다시 그의 제자들에게 전수됨으로 그들이 새로운 힘을 얻어 이후 절망적 상황들을 헤치고 살아갈 수 있었기 때문이다. 당시 엘리야와 엘리사 주위로 모여든 "선지자의 제자들"이 실제 어떤 사람들이었을지 생각해 보면 많은 이들이 열왕기하 4장의 선지자제자의 가족처럼 전쟁과 기근으로 삶의 터전을 잃어버리고 여기저기 방황하다 결국 엘리사의 수하에 자신을 의탁한 사람들이라 추측할 수 있다. 또 한편으로 바알주의에 결탁하지 않고 하나님을 붙들었지만 엘리야가 그랬듯 한때 낙심과 절망에 빠져 있던 사람들이라고도 볼 수 있다. 열왕기상 18장에서 오바댜가 숨겨 주었다는 그 "백 명의 선지자들"도 아마 이 가운데 포함되어 있었을지 모른다. 또한 열왕기상 19장에서 하나님이 말씀하신 "바알에게 무릎을 꿇지 아니한 칠천 명" 중 일부가 그들이었을지도 모른다. 엘리야에게서 엘리사에게로, 또다시 제자들에게로 전해진 하나님의 불은 이런 그들 안에 새로운 힘과 소망을 일으키는 불이었다.

하나님의 불은 또한 하나님이 주신 권능을 의미한다. 이러한 권능은 주시는 하나님에 의해서도 달라지겠으나 받은 사람의 특성에 따라서도 조금씩 다르게 나타난다. 먼저 엘리야의 경우, 그를 통해 나타나는 하나님의 불은 무엇보다 하나님의 강하고 두려우심을 나타낸다. 갈멜산 위에 떨어진 불이 바로 그런 것인데, 이 불이 떨어지자 사람들은 바닥에 바짝 엎드려 이구동성으로 여호와 같은 하나님은 없다고 고백했다(왕상 18:39). 이런 여호와의 위엄은 그 갈멜산 위에서 엘리야가 나타낸 위엄과 맞닿아 있었다.

그런데 하나님의 사람이 갖는 특성이 그를 통해 나타나는 하나님의 권능과 연결되어 있다는 것은, 반대로 그 사람의 한계가 그를 통해 이루어지는 사역의 한계로 나타날 수 있음을 시사한다. 예컨대 엘리야를 통해 나타난 하나님의 권능은 엄청난 데 비해 그가 거둔 가시적 성과는 상대적으로 적은 것을 볼 수 있다. 물론 하나님의 열매를 우리가 가시적으로 판단할 수 없다는 점이 먼저 전제되어야 한다. 그렇지만 성경을 보면 그의 사역이 결국 왕실을 변화시키는 데서만 아니라 일반 백성의 삶을 변화시키는 데도 과연 얼마나 성과를 거두었는지 질문하게 된다. 왜일까? 그 이유 중 하나를 역시 엘리야가 관계중심적인 사람이 아니었다는 점에서 찾게 된다.

엘리야는 스스로도 말하듯 "하나님을 향한 열심"이 특별한 사람인 반면(왕상 19:14) 사람에 대한 관심과 애착은 적은 사람이었다. 그는 광야로 들어갈 때도 혼자였고(왕상 19:3), 마지막 승천을 앞두고도 역시 그의 수종자인 엘리사를 굳이 떼어놓고 혼자 가려 한다(왕하 2:2). 아마도 이런 측면 때문에 사람들이 그를 어려워했을 것으로 추측된다. 이것이 사실이라면 결과적으로 그는 더욱 고립될 수밖에 없었고, 고립은 그를 더욱 고집스럽고 불같은 성격으로 만들었을지 모른다. 아하시야의 군사 오십 명을 태워 버린 불은 물론 하나님이 내리신 불이지만 한편으로 그를 외면하는 세상에 대한 분노를 반영하는 것이 아니었을까?

한편 그의 제자인 엘리사는 추측컨대 그 스승 엘리야와는 매우 다른 성격의 소유자였다. 가죽 겉옷에 가죽 띠를 띤 엘리야가 유목민 특유의 자립심과 고집을 시사한다면 엘리사는 엘리야와 달리 원래 농사를 짓던 농사업자였다. 엘리야가 처음 엘리사를 만났을 때 엘리사는 열두 겨릿소를 몰아서 밭을 갈고 있었다(왕상 19:19). 이것은 그가 스물네 마리나 되는 많은 소를 일렬로 세워 밭을 갈 만큼 넓은 농지를 소유한 부농이었음을 말해 준다. 그는 또한 엘리야를 따르기 전에 가족과 아쉬운 입맞춤을 나누고, 또 소를 잡아 고향 사람들에게 대접하며 인사를 나누는 모습에서 볼 수 있듯 정이 많고 관계중심적인 사람이었다. 이뿐 아니라 그에 관한 기록 전체에서 그가 왕이나 지역 인사, 서민 가릴 것 없이 다양한 계층의 사람들과 폭넓게 교류하는 관계적인 사람이었음을 알 수 있다. 또한 국솥에 가루를 넣어 해독解毒한다든지 강물에 나뭇가지를 던져서 도끼날이 떠오르게 한다든지 하는 그의 기발한 아이디어와 행동들을 볼 때 아마도 상당히 창의적이고 기지발랄한 사람이었을 것으로 추측된다.

요컨대 이 같은 엘리사가 엘리야처럼 고지식하고 자기 신념이 강한 사람을 끝까지 따른다는 것은 결코 보기만큼 쉬운 일이 아니었을 것이다. 그런데 열왕기하 2장에서 엘리야가 마침내 하늘로 올리우기까지 엘리사가 그의 곁을 집요하리만치 끝까지 따르는 모습을 볼 수 있다. 이것은 그만큼 엘리사가 엘리야를 존경했음을 의미하기도 하지만 엘리야 안에 있는 영적 유산을 그만큼 그가 소중히 여겼다는 사실을 말해 주는 것이다. 어쨌든 엘리사가 이처럼 끝까지 포기하지 않고 엘리야를 따랐기 때문에 그는 엘리야의 영적 후사로서 다음 시대의 주역이 될 수 있었다.

계승의 조건

중로中老의 한국교회 담임목사들은 모두 다 그런 것은 아니지만 많은 경우 고지식한 외골수의 이미지가 있다. 타고난 성격이라기보다 한국교회의 구조상 오랫동안 고립된 삶을 살아왔기 때문일 것이다. 오랜 세월 하나님 앞에서 혼자 외로운 싸움을 싸우다 보니 사람들과 관계 맺는 데 서툴러지고 시대 변화에 둔감한 사람이 된 것이다. 이런 면에서 한국교회의 담임목사들은 노년의 엘리야를 많이 닮았다. 그들에게서 우리는 엘리야에게서 볼 수 있는 것 같은 영적 권위를 발견한다. 한국교회에 부어진 하나님의 기름이 그들을 통해 흘러 내려오고 있기 때문이다.

교회 부교역자나 교인의 관점에서 이 같은 담임목사의 존재는 부담스러우면서도 존경스러운 양면성을 지닐 수 있다. 그는 자신들의 현실을 충분히 잘 이해하지 못하는 답답한 사람 같으면서도, 존경하고 따를 수밖에 없는 영적 모델이다. 이러한 담임목사에 대해 어떤 자세를 가져야 할지 엘리야를 대하는 엘리사에게서 많이 배울 수 있다.

첫째, 끝까지 포기하지 않고 엘리야를 붙좇는 자세이다.

여호와께서 살아 계심과 당신의 영혼이 살아 있음을 두고 맹세하노니 내가 당신을 떠나지 아니하겠나이다(왕하 2:4)

엘리사의 자세를 볼 때 단지 사람에게 충성하는 태도가 아니라는 점을 주목할 필요가 있다. 소위 의리를 지키는 태도와 다른 것은 엘리야를 따라가는 엘리사에게는 분명한 목적과 의도가 있었기 때문이다. 그의 목적은 "당신의 영의 두 몫을 내가 받기 원합니다"(왕하 2:9)라는 그의 말에 나타난다. 여기서 "두 몫"을 "갑절"이라고 옮긴 개역성경의 번역은 사실상 오역이다. 왜냐면 이 "두 몫"이라는 표현은 원래 신명기에 나오는 표현으로 엘리야가 가진 권능의 갑절이라는 의미가 아니기 때문이다.

> 반드시 그 미움을 받는 자의 아들을 장자로 인정하여 자기의 소유에
> 서 그에게는 두 몫을 줄 것이니 그는 자기의 기력의 시작이라 장자
> 의 권리가 그에게 있음이니라(신 21:17)

여기서 "두 몫"이란 아들의 수대로 나눈 재산의 두 몫을 의미하는 것이다. 즉 이스라엘 가정의 맏아들이 다른 형제들보다 두 몫의 유산을 상속하게 됨을 의미하는 것이다. 다시 말해 엘리사가 말하는 "두 몫"은 엘리야의 '장자권'을 의미한다. 즉 엘리야의 영의 두 몫을 받기 원한다는 엘리사의 말은 곧 그가 엘리야의 영적 후계자가 되기를 원한다는 뜻인 것이다.[2] 즉 엘리사는 엘리야가 받은 하나님의 영을 물려받기 원했기 때문에 끝까지 엘리야를 붙좇았던 것이다.

한국교회의 새 시대를 열어 갈 주역은 엘리사가 그랬던 것처럼 먼저 하나님께서 한국교회에 주신 영적인 불을 사모하고 계승하는 사람이지 않으면 안 된다. 이런 사람이 되고자 한다면 먼

저 그 불이 있는 곳에 가서 그 불을 먼저 받은 사람을 붙좇지 않으면 안 된다. 그런데 이렇게 하기 위해서는 인내와 끈기도 필요하지만 영적 분별력이 있어야 한다. 왜냐하면 단순히 사람을 붙좇는 일이 아니기 때문이다. 예컨대 담임목사의 사고방식과 목회스타일을 무조건 추수하는 것은 사람을 붙좇는 것이다. 반면 하나님의 영을 붙좇는 사람은 담임목사를 통해 이루어지는 하나님의 사역에 동참하며 그의 안에 있는 하나님 마음을 공유하고, 또 담임목사와 함께 하나님의 은사를 사모하면서 함께 연단을 견뎌 내는 사람이다. 요컨대 단순히 담임목사를 따르는 것이 아니라 담임목사와 함께 하나님을 따르는 사람인 것이다.

때문에 이런 길을 가는 사람은 자신이 따르는 대상이 단순히 사람인지 하나님인지 분별하는 분별력이 있어야 한다. 다시 말해 어떤 길에서 사람을 좇아가느라 하나님을 놓치게 된다면 과감히 그 길을 떠날 수 있어야 한다. 이것은 곧 자신이 따르는 자가 아합인지 엘리야인지 가릴 수 있어야 한다는 의미이다. 또 비록 자신과 맞지 않는 점이 있더라도 엘리야가 그의 사표師表라면 엘리사처럼 끝까지 그와 함께할 수 있어야 한다는 의미이기도

---

2   만일 그렇다면 우리는 왜 엘리야가 그런 '계승권'을 요청하는 엘리사에게 "네가 어려운 일을 구하는도다"(왕하 2:10)라고 대답했을까 궁금해진다. 엘리사가 개역성경의 번역대로 "갑절의 영감"을 구하는 것이었다면 그 대답을 "네가 영적인 욕심을 부리고 있다"는 의미로 이해할 수 있을 것이다. 그러나 엘리사의 요청이 그런 것이 아니라 단지 엘리야의 영적 후계자가 되기를 원하는 것이라면 그것이 왜 그렇게 어려운 일일까? 우리는 그 엘리야의 대답의 의미를 그가 이제껏 하나님의 사람이었기 때문에 겪었던 많은 어려움을 생각하면 이해할 수 있다. 그것은 곧 "내가 갔던 어려운 길을 정녕 네가 따르려느냐"는 의미라고 볼 수 있는 것이다. "어려운 일"이라는 번역의 히브리원어가 성경에서 주로 노예생활의 멍에를 의미한다는 점이 이런 해석을 뒷받침한다.

하다. 이 시대에 이런 분별은 쉬운 일이 아니지만 매우 중요하다. 왜냐하면 오늘날도 엘리야의 때처럼 단순히 왕이라고 하나님의 기름부음 받은 자가 아니기 때문이다.

또 엘리사에게서 배울 수 있는 점은 바로 중개자의 역할이다. 열왕기하 2장에 이르면 이미 벧엘과 여리고에 상당수의 선지자제자들이 공동체를 형성하고 있었음을 볼 수 있다. 엘리야와 엘리사에 의해 처음 형성된 것은 아니더라도 그 두 사람의 영향하에 활성화된 공동체일 가능성이 크다. 이후에 엘리사는 갈멜산에서 여리고 사이를 종단하면서 북이스라엘과 남유다 각지의 제자 공동체들을 하나로 연결하는 역할을 한다. 어쩌면 이러한 순회사역의 시초가 된 것이 바로 열왕기하 2장에서 엘리사가 엘리야와 함께한 마지막 여행이었을지 모른다. 이 열왕기하 2장의 여행에서 주목할 것은 바로 엘리야와 그 각지의 제자공동체들 사이를 중개하는 엘리사의 역할이다.

사실 열왕기하 2장에서 선지자제자 공동체들과 엘리야 사이에 직접적 친밀성이 적다는 것을 알 수 있다. 선지자제자들은 엘리사와만 대화하면서 엘리야를 "당신의 선생"(왕하 2:3)이라 지칭한다. 이것은 그들이 엘리사와는 가깝지만 엘리야와는 그렇지못했다는 점을 시사한다. 물론 요단강까지 따라온 그들에게서 우리는 엘리야에 대한 그들의 경외심을 엿볼 수 있다. 그러나 아직도 그들은 엘리야를 자신의 '선생'으로 여기지는 않았던 것이다. 이런 상황에서 엘리야가 승천한 후 "엘리야의 영이 엘리사 위에 임하였다"(왕하 2:15)고 그들이 고백하면서 엘리사에게 절하는 모습은 무엇을 시사하는가? 그것은 곧 그 영향력이 제한적이

111

던 엘리야의 영이 엘리사의 관계성으로 말미암아 폭넓은 영향력을 발휘하게 되었음을 의미하는 것이다. 말하자면 창의적인 확산이 이루어지게 된 것이다.

오늘날 한국교회에 절실히 필요한 것이 바로 이와 같은 창의적 확산이라고 생각된다. 하나님의 영은 비처럼 하늘에서 내려 땅을 이롭게 하는 생명력이다. 그런데 한국교회는 뜨거운 기도의 영성을 통해 이런 은혜의 비를 웅덩이에 채웠음에도 불구하고 이 땅 곳곳에 그것을 창의적으로 흘려보내지 못했던 것은 아닌가? 이 한국사회의 다양한 영역에는 미약하나마 여러 신앙공동체들이 형성되어 있다. 그런데 이제껏 한국교회는 그것이 가진 영적 생명력을 충분히 교회 밖 선교적 공동체들에게 나눠 주지 못했다. 교회의 역량이 교회 안에 고여 교회 밖으로 흘러가지 못했던 것이다. 이런 상황에서 엘리사에게서 배울 수 있는 점은 교회 안과 밖을 잇는 중개자적 역할이다. 즉 한국교회 안에 모인 은혜의 샘물을 사회 각지로 흘려보내는 창의적인 수로水路 역할이 필요한 것이다. 이런 역할을 감당하기 위해서는 우선 엘리사와 같은 폭넓은 관계성이 필요하다.

다시 출발점으로

여기서 잠시 주목해 봐야 할 것은 열왕기하 2장에서 엘리야
와 엘리사가 함께했던 여정이다. 이 여정은 사실 임의적인 것이
아니라 옛날 이스라엘 자손이 처음 가나안을 정복할 때 올라왔
던 진입로를 역으로 따라 내려가는 길이었다.

먼저 여행의 기점인 "길갈"Gilgal은 엘리야와 엘리사의 주요
활동 거점이었던 곳으로, 옛날 여호수아가 요단을 건너기 전 이
스라엘 자손에게 할례를 행했던 그 '길갈'과는 다른 장소이다.
'길갈'이란 원래 '원형 석주'石柱를 의미하는 것으로 특정 지명이
아니라 가나안 정복 당시 여호수아가 12부족장들과 함께 회의
를 하던 이스라엘 본영本營을 지칭하는 말이다. 성경에서 이런
'길갈'은 여러 곳으로 나타나는데, 그중 엘리야와 엘리사의 활동
거점이 된 '길갈'은 아마도 과거 사무엘의 순회사역지 중 하나로
사울을 왕으로 옹립한 장소일 가능성이 크다. 엘리야가 그곳을
사역의 거점으로 삼은 이유는 아마도 과거 이스라엘의 영광을
회복하고자 하는 염원 때문이었을 것이다.

어쨌든 이 '길갈'을 떠난 엘리야와 엘리사는 다음으로 "벧
엘"에 이른다(왕하 2:2). 이 벧엘은 바로 여호수아의 두 번째 정복
도시인 '아이성' 인근이다. 그다음으로 엘리야와 엘리사가 이
른 곳이 바로 "여리고"인데(왕하 2:4), 이것은 그들이 지금 여호수
아의 정복루트를 역으로 거슬러 내려가고 있다는 것을 보여 준

아르가만Argaman 길갈 유적:
지금까지 발굴된 다섯 곳의 길갈(원형 석주) 유적 중 가장 큰 곳은
요르단계곡 인근 아르가만에 있는 것이다. 엘리야와 엘리사의 길갈이
바로 이곳이었을 가능성도 있다.

다. 그들이 그다음으로 "요단강"을 건넜다는 사실(왕하 2:8)이 이 점을 더욱 확증해 준다. 엘리야가 겉옷을 말아 쥐고 요단의 물을 내리치자 마치 여호수아 때처럼 그 물이 둘로 갈라졌고 그들은 그 사이 마른 땅을 건너갔다(왕상 2:8). 이렇게 건너간 요단 저편 땅에서 마침내 엘리사가 목격하게 되는 것이 "불병거와 불말", 즉 엘리야를 하늘로 취해 올라가는 회오리 기둥이었다(왕상 2:11). 그런데 이 회오리 기둥에서 연상할 수 있는 것이 이스라엘 백성을 광야에서 인도했던 그 구름기둥과 불기둥이다. 여기서 엘리야와 엘리사가 찾은 이곳이 바로 이스라엘 백성이 하나님을 따라 이 가나안에 첫발을 디딘 곳, 바로 이스라엘의 출발점이었다는 사실을 알 수 있다. 엘리사가 이곳에서 만난 것은 바로 이스

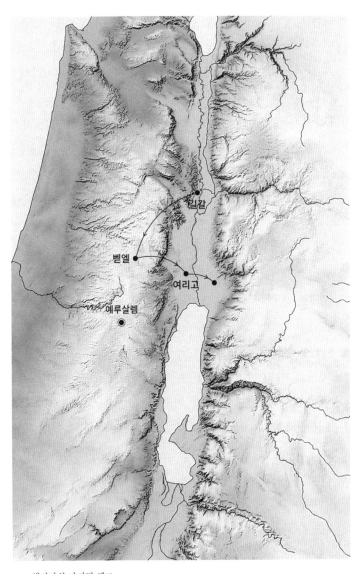

엘리야의 마지막 행로:
이 길이 바로 여호수아와 이스라엘 백성이 가나안 땅에 처음 들어섰던
길을 거슬러 내려가는 길임을 알 수 있다.

라엘을 현재까지 이끌어 오신 하나님의 불기둥이었다.

그런데 여기서 더 주목해 볼 것은 엘리사가 엘리야를 취해 올라가는 그 회오리 기둥 속에서 본 "불병거와 불말들"이다(왕하 2:11). 그 광경이 어찌나 두려웠던지 엘리사는 그것을 바라보며 "내 아버지여 이스라엘의 병거와 마병이여!" 하고 고함을 지른다(왕하 2:12). 이때 기억할 것은 당시 병거와 말이란 곧 부강한 국가의 상징이었다는 사실이다. 우리는 아합을 비롯한 당시의 왕들이 모두 최대한 많은 병거와 말들을 사들이기 위해 혈안이었다는 점을 기억할 필요가 있다. 그렇다면 엘리야를 하늘로 취해 올리실 때 하필 그런 병거와 말들을 보여 주셨다는 사실은 무엇을 의미하는가? 엘리야는 승천하면서 남루한 가죽 겉옷밖에는 남긴 것이 없었다. 그러나 그 불병거와 불말들은 그와 함께하시는 하나님이 세상 그 어떤 나라보다 크고 강하신 하나님이시라는 사실을 보여 주신 것이다.

아마도 이때 엘리사가 본 불병거와 불말은 또한 열왕기하 6장에 나오는 "불병거와 불말"이기도 할 것이다. 즉 하나님께서 두려움에 빠진 엘리사의 청년 제자도 눈을 여사 볼 수 있게 하신 바로 그 "불병거와 불말"인 것이다(왕하 6:17). 이것은 엘리야가 떠난 이후에도 계속해서 엘리사가 그 불병거와 불말들을 바라보면서 비록 그가 세상에서 낮고 약한 자들 중에 거하지만 그와 함께하는 하늘의 권세가 세상 그 어떤 강대국의 권세보다 크다는 사실을 늘 확신하고 살았음을 의미한다.

이런 확신을 가지고 엘리사는 그 이스라엘의 출발점, 요단 물가에 다시 섰다. 그리고 엘리사의 겉옷으로 물을 내리치면서 외쳤다. "엘리야의 하나님 여호와는 어디 계시니이까?"(왕하 2:14). 이같이 오늘 우리도 이 새 시대의 출발점에서 다시 묻는다. "한국교회의 하나님은 어디 계시나이까?"

1907년 대부흥의 하나님

우리가 진정 한국교회의 영적 계승자가 되고자 한다면 엘리사가 그랬던 것처럼 한국교회의 엘리야들을 따라 한국교회의 출발점으로 되돌아가 볼 필요가 있다. 되돌아보아야 할 출발점은 1907년의 대부흥이다.

1907년의 대부흥은 대개 오늘의 한국교회를 있게 한 영적 발원지라 평가된다. 그런데 일부 진보사학자들 중에는 이 1907년 대부흥이 한국교회가 '비정치화'되는 시발점이 되었다고 비판하는 이들도 있다. 주지하듯 1907년 대부흥은 1905년 을사늑약 직후, 우리 민족이 일제에 국권을 빼앗기고 절망과 울분에 빠진 상황에서 일어났다. 혹자들은 이런 상황에서 일어난 그 대부흥이 "시대적인 한국민족의 아픔과 분노를 성령운동이라는 종교적 카타르시스를 통해 희석시킨 몰역사적 성격을" 갖고 있다고 평가한다.[3] 그러나 김영재 등이 지적하듯 1907년의 대부흥은 어떤 사람들이 인위적으로 만들거나 조작해서 일으킨 사건이 아니었다.[4] 물론 당시 대부분의 서구 선교사들은 그들의 지속적 선교사역을 위해 한국 교인들이 일제에 항거하거나 정치

3　한국기독교역사연구소,《한국기독교의 역사》(서울: 기독교문사, 1994), 276; 박용규, "평양 대부흥 운동의 성격과 의의",〈한국기독교신학논총〉46(2006. 7), 286에서 재인용.

4　김영재,《한국교회사》(서울: 개혁주의신행협회, 1992), 117-118; 김인수,《한국기독교회의 역사》(서울: 한국장로교출판사, 1998), 260-261 참조.

문제에 개입하는 데 반대했던 것이 사실이다.[5] 이로 말미암아 실제로 1907년 대부흥은 당시 한반도에 정치적 변화를 불러일으키는 데는 일정한 한계를 가질 수밖에 없었던 것이 사실이다. 그러나 그렇다고 해서 우리는 하나님 자신이 일으키신 그 역사가 개인을 변화시킬 뿐 사회를 변화시키는 힘을 갖지 못했다고 생각해서는 안 될 것이다. 실제로 1907년 대부흥은 개인만 아니라 사회의 근간을 뒤흔드는 폭발력을 나타냈다.

1907년 대부흥의 불을 붙인 것은 당시 원산, 평양, 선천 등지 사경회에서 일어난 연쇄적 죄 고백 사건이었다. 그런데 이때 사람들이 고백했던 죄들이 결코 단순히 '개인적인' 죄들이었다고 말할 수 없다는 점을 기억해야 한다. 먼저 1903년 원산의 하디Thomas Hardie 선교사가 참회했던 죄, "조선인들을 미개한 백성이라 생각하는 깊은 자만심"[6]은 단지 개인의 심리적인 죄가 아니라 당시 제국주의 열강의 식민지배라는 세계시스템과 결부된 죄였다. 따라서 당시 하디와 같은 조선 선교사들이 이런 죄를 고백하고 회개했다는 것은 그 자체가 이미 당시 조선인과 서구인 사이의 인간적 관계를 넘어 세계시스템에까지 균열을 일으킬 수 있는 파괴력을 지닌 사건이었다고 볼 수 있는 것이다.

또한 1907년 평양대부흥운동의 주역들 중 하나인 길선주가 고백한 죄에 대해서도 동일하게 말할 수 있다. 그가 고백했던 죄는 구체적으로 "친구 미망인의 재산을 관리하던 중 적지 않은 돈

---

5   박용규, "평양 대부흥 운동의 성격과 의의", 289.
6   박용규, 《평양대부흥운동》(서울: 생명의말씀사, 2000), 44.

을 착복"한 죄였다.[7] 그의 죄 고백을 시작으로 당시 사경회에 참석했던 수많은 사람들이 그와 비슷하게 남의 것을 도둑질하거나 몰래 가로챈 사실을 회개했다. 그리고 심지어는 평양 길거리에서조차 서로 만난 사람들이 "죄를 고백하고 용서를 구하고, 배상할 것은 배상하는" 희한한 일들이 벌어졌다.[8] 일견 이런 일들은 그저 사사로운 개인적 사건처럼 보이지만 사실은 그렇지 않다. 당시 조선 사회에는 일제의 강제 침탈 속에서 저마다 살아남기 위해 강자가 약자를 삼키는 약육강식의 풍토가 확산되고 있었다. 1907년 대부흥이 만들어 낸 그 희한한 풍경들은 그러므로 이러한 약육강식의 사회적 풍토를 변혁할 수 있는 잠재적 폭발력을 가진 것이었다고 말할 수 있다.

실제로 1907년 대부흥은 여러 모양의 사회적 변혁운동으로 이어졌다. 단주단연斷酒斷煙운동이나 축첩반대, 노비해방 등이 그 예들이며, 국채보상운동도 그러한 운동의 연장선상에 있었다.[9] 국채보상운동은 전세계적 규모의 약육강식문화에 항거하는 비폭력적 민중 저항운동이었고 이후 삼일만세운동과 괘를 같이하는 운동이었다. 역사가들이 인정하듯이 당시 이런 자발적 민중운동들의 배후에는 기독교가 있었다.[10] 후세의 우리가 보기에 당시 이런 운동들은 너무나 순진하고 이상주의적이어서

---

7   권문상, 《부흥 어게인 1907》(서울: 도서출판 브니엘, 2006), 26.

8   앞의 책, 27.

9   국채보상운동은 을사늑약(1905) 이후 정지(整地)작업을 빌미로 일본에서 들여온 차관 1,150만 원을 갚아 국권을 회복하자는 취지로 서상돈 등이 제안하여 시작된 운동이다. 이 운동에는 민족자본가와 신지식인들뿐 아니라 지방의 상민들까지 참여하였으며 부녀자들은 자신들의 패물들을 모아 기탁했다.

현실적 실효를 거두기 어려워 보이는 것이 사실이다. 그러나 그 노력들이 아무 실효 없이 역사 속에 묻히고 말았느냐면 결코 그렇지 않다. 오히려 그런 비조직적인 자발적 민중운동이야말로 소금이 스며들듯 더 깊숙이 민족의 삶에 스며들어 더 근본적으로 한국사회를 변화시키는 영적 효모 역할을 했다고 할 수 있다. 그런 변화가 어떤 것이었는지 보여 주는 예가 바로 다음과 같은 것이다.

> 순안 박인시 씨는 그 종을 속량하야 딸을 삼았고, 평양 서촌 창마을 사는 리씨는 주를 밋기 전에 일개 비자를 천여 금을 주고 사다가 부리더니 자긔가 죄에서 속량하고 은혜로 하나님의 딸이 됨을 깨닷고 그 종과 하는 말이 "내가 지금 주께 기도할 때와 성경말슴을 생각할 때마다 너를 종으로 두는 거시 늘 마음에 불안하고 다시 팔자 한즉 인생을 참아 짐승과 같이 매매하는 거시 하나님의 사랑하시는 뜻에 합당치 아니한즉 오늘부터 너를 속량한다" 하고 문셔를 내어 소화하고 친딸갓치 사랑한다 하니 이 세상 사람의 동류를 종으로 부리는 사람에 비하면 깁게 생각하고 넓게 사랑함이 몇백 층이 놉흔지라.[11]

이 같은 조선여인들의 결단이 결코 개인적 차원의 변화에 머물지 않고 어떤 사회운동보다 더 본질적인 사회 변화를 가져오

---

10 전국 각지에서 패물 수집과 단연운동으로 국채보상운동에 적극 참여한 것은 교회 부녀들과 교인들이었다. 옥성득, "1907년 평양 대부흥운동 다시 읽기", 〈기독교사상〉 725(2019. 5), 165.

11 〈그리스도신문〉, 1906. 5. 24일자: 김인수, 《한국기독교회의 역사》, 310에서 재인용.

121

게 되었다고 할 수 있는 이유는 '비인간화'라고 하는 가장 파괴적인 사회문화에 맞서는 행동이었기 때문이다. 사람을 신분에 따라 차별하는 문화뿐 아니라 여성차별, 축첩, 매음賣淫과 같은 당시 사회의 관습은 인간의 본질적 가치를 유린함으로 사람들로 하여금 단지 가난 때문이 아니라 그런 비인간화로 인한 고통에 신음하게 했다. "순안 박인시 씨", "평양 창마을 리씨" 등이 자신의 노비를 속량하여 딸로 삼은 일은 그리스도의 사랑으로 그 같은 사람들에게 잃어버린 인간성을 되찾아 준 일이라 할 수 있다. 1907년 전후하여 이 같은 일들이 교회를 통해 무수히 많이 일어났던 사실을 확인할 수 있다. 뿐만 아니라 사람들은 교회를 통해 이름을 얻고 차별과 착취와 가난으로 인해 잃어버린 자신의 존재가치를 되찾을 수 있었다.[12]

한편 당시 신분이 낮은 사람들뿐 아니라 사회적으로 높은 신분이지만 마찬가지로 삶의 허무와 무가치함에 괴로워하던 사람들 역시 교회를 통해 새로운 삶을 찾게 되었다. 남편의 축첩으로 인해 외롭고 "쓸쓸한 생활"을 하던 전삼덕 부인이 복음을 듣고 변화되어 수많은 사람들을 교회로 인도하며 강서江西에 상민常民 아이들을 위한 학교를 세웠던 일이 바로 그 사례라 하겠다.[13] 그렇게 세워진 학교에서 위 〈그리스도신문〉의 기사에 나오는 것

---

12 손운산은 초기 한국교회에 일어난 이와 같은 변화에 대해 다음과 같이 묘사하고 있다. "초기 한국교회에는 당시에 사회적으로 낮은 위치에 있던 사람들이 많이 찾아왔다. 그들에게 교회는 기도로 하나님께 자신의 힘듦을 호소하고 서로의 애환을 이야기하고 위로와 희망과 용기를 얻는 곳이었다. 교인들은 교회를 통해 힘을 얻었고 고된 삶을 견뎌 내는 능력을 얻었다." 손운산, "한국 목회 돌봄과 목회 상담의 역사와 과제", 〈목회와 상담〉 17(2011), 9.

같이 속량받은 청년들이 배움을 얻고, 이로써 이후 그들이 한국 교회를 이끄는 동량棟樑이 되었다고 생각해 볼 수 있는 것이다.

이렇게 1907년 대부흥과 그 이후 사건의 추이를 살펴볼 때 그것이 가져온 결과가 단지 개인의 영적인 변화일 뿐 아니라 사람들의 내면이 치유되는 변화이며 사회공동체가 새로워지는 변화였음을 알 수 있다. 진정한 하나님의 부흥에는 이처럼 영과 속俗, 개인과 사회, 정치와 비정치의 구분이 존재하지 않는다. 그것은 영적인 동시에 현실적이며, 개인적인 동시에 사회적이며, 정치적인 동시에 현실정치를 넘어서는 하나님의 통치가 이 땅에 실현되는 일이다. 진정한 하나님의 부흥은 현실정치를 넘어서는 일이기에 단지 정치적인 수단으로만 이루어 낼 수 없는 일이다. 그것을 민중혁명봉기로 이루어 낼 수 없는 것처럼 일부 기독교인들이 꿈꾸는 것 같은 기독교왕국으로도 이루어 낼 수 없다. 그러나 그럼에도 불구하고 진정한 하나님의 부흥은 본질적으로 매우 정치적이며 이 땅의 정치사회질서에도 근본적 변화를 가져올 수밖에 없는 통전적인 성령의 역사이다. 그것은 바로 이 땅에 하나님의 통치가 실현되는 일인 것이다.

---

13 전삼덕은 자신에게 일어난 이 같은 일들에 대해 다음과 같이 회고하고 있다. "나는 눈이 있어도 보지 못했고, 귀가 있어도 듣지 못했으며, 입이 있어도 말하지 못했다. 그러나 예수를 안 후로 나는 자주한 인간이 되었다." 장병욱, 《한국감리교여성사》(서울: 성광문화사, 1979), 194.

물 근원의 치유

호렙산에서 엘리야에게 임한 영이 단지 개인만 아니라 세상을 변화시키는 하나님의 능력이라는 사실을 엘리사가 그 영을 전수받은 이후의 사건들에서 확인할 수 있다. 엘리사가 엘리야의 영을 전수받은 직후의 일이 바로 여리고성의 물 근원을 고친 사건이었다(왕하 2:19-22). 이 사건은 엘리사와 함께하시는 하나님의 영이 처음으로 행하신 일이라는 의미에서 장차 하나님께서 행하실 일을 예표豫表하는 의미가 있다.

여리고성의 물을 고친 사건에서 먼저 주목할 것은 말 그대로 치유의 사건이라는 점이다. 모세의 때에도 이스라엘을 광야로 인도하신 후 맨처음 하나님이 행하신 일이 바로 마라의 물을 고치신 사건임을 기억할 필요가 있다. 물은 곧 이 땅의 생명이다. 그러므로 물을 고치신 것은 곧 사람과 자연을 포함한 피조계 전체의 생명을 치유하신 일이 된다. 마라의 물을 고치실 때 하나님께서 하신 말씀처럼[14] 이렇게 물이 고쳐지는 것은 사람의 몸과 마음이 치유되는 것과 연결되어 있다. 그것은 곧 하나님의 영이 사람들의 몸과 마음을 비롯한 피조계 전체를 살리고 그것에 새

---

14 출애굽기 15장 26절에서 하나님은 물을 고치신 일이 곧 당신께서 이스라엘 백성을 치유하시는 하나님이심을 나타낸 일이라 말씀하신다. "…너희가 너희 하나님 나 여호와의 말을 들어 순종하고 내가 보기에 의를 행하며 내 계명에 귀를 기울이며 내 모든 규례를 지키면 내가 애굽 사람에게 내린 모든 질병 중 하나도 너희에게 내리지 아니하리니 나는 너희를 치료하는 여호와임이라"(출 15:26).

로운 생명력을 부여하는 영이심을 보여 준 사건이다. 또한 그 하나님의 치유가 선지자들의 공동체만 아니라 그들이 거하는 여리고성 전체에 주어졌다는 사실이다. 즉 그 사건은 하나님의 생명력이 비단 하나님의 교회만 아니라 교회가 속한 지역사회까지 변화시킨다는 것을 보여 주신 사건이다. 오늘날 우리가 살고 있는 이 한국사회 역시 하나님의 생명력에 목말라 있다. 비록 보기에 아름답고 자질 역시 훌륭하지만 그 속에 생명력이 없어 곤고한 사람들, 그래서 풍성한 삶의 열매를 맺지 못하는 사람들을 도처에서 너무나 많이 만날 수 있다. 그들 중에는 아직 채 익기도 전에 떨어지는 낙과落果처럼 일찌감치 자신의 삶을 포기해 버리는 사람들도 있다. 이들에게도 하나님께서 여리고성에 베푸신 치유가 필요한 것이다.

엘리사는 소금을 담은 새 그릇을 가지고 물 근원에 가서 여리고의 물을 고쳤다. 성경에서 소금은 하나님의 말씀을 의미한다. 그리고 많은 경우 그릇은 사람을 의미한다. 또한 물 근원은 사람들의 감춰진 내면을 의미한다고 볼 수 있다. 따라서 새 그릇에 담긴 소금으로 물 근원을 고친다는 것은 곧 새로운 하나님의 사람들이 나타나 하나님의 말씀으로 세상 사람들을 치유하게 될 것을 예표하는 사건이라 볼 수 있다. 오늘날 한국사회에 바로 이와 같은 치유가 필요하고 이를 위해서는 하나님의 말씀을 받은 새로운 언약의 공동체가 필요하다. 이러한 교회가 어떤 교회여야 할지 우리는 계속해서 다음 장에서 엘리사의 공동체를 참조하며 함께 밑그림을 그려 보기 원한다.

5

나눔의

공동체

전쟁의 시대

엘리야와 엘리사의 시대는 전쟁의 시대였다. 열왕기상 마지막과 열왕기하 서두에서 계속되는 전쟁의 기록들을 읽을 수 있다. 열왕기서에는 계속되는 전쟁과 그 전쟁 속에서 고통받는 서민들의 삶, 그리고 그들 가운데서 엘리야와 엘리사가 행한 사역들이 서로 대비를 이루며 교차서술되고 있다. 이러한 교차서술은 그저 임의적인 것이 아니라 전쟁과 서민의 고통 사이의 상호연관성을 보여 주는 것이다.

전쟁은 물론 그 이전에도 있었다. 그러나 이전의 전쟁과 비교할 때 엘리야와 엘리사 시대의 전쟁은 확실히 그 규모나 목적에 있어서 이전과 다른 새로운 것이었다. 주전 8세기 중엽의 중근동 지역에서는 동서문명 간의 대충돌이 일어나고 있었다. 이 시기의 전쟁은 규모면에서 과거와 비할 수 없는 대규모전으로 당시에는 수천승의 병거와 마병들이 맞붙는 전쟁들이 이스라엘 주변에 계속되고 있었다. 이러한 전쟁은 그 목적에 있어서도 과거와 달랐다. 과거 이 지역에서의 전쟁이 크고 작은 부족국가들 간의 우열을 가리는 전쟁에 지나지 않았다면 이 시기의 전쟁은 그 목적이 동서를 잇는 세계제국을 건설하는 데 있었기 때문에 그 전쟁에 패하는 것은 곧 국가의 사멸을 의미했다.

이런 정세 가운데 이스라엘은 그 자신도 그런 전쟁에서 살아남도록 힘을 기르든지 아니면 멸망해서 더 이상 한 나라로 존속

앗수르의 정복전쟁:
엘리야, 엘리사 시대의 전쟁은 한 명의 대표자가 나가 일대일의 대결을
벌이던 다윗시대의 전쟁과는 완전히 다른 전면적이고 고도기술을
바탕으로 한 새로운 전쟁이었다.

할 수 없는 상황에 놓여 있었다. 이 상황에서 우리는 독점적 부를 허용하는 바알시스템을 도입해서라도 군비를 증강하고 주변을 침략해서 부강해지려던 아합의 노력을 좀 더 동정적으로 이해할 수 있게 된다. 그러나 아합의 선택의 결과는 곧 서민들의 삶의 고통과 피폐였다.

계속되는 전쟁과 바알시스템 도입, 그에 따른 부익부 빈익빈의 양극화, 그리고 설상가상으로 겹친 기근 등으로 서민들의 삶은 도탄에 빠져 있었다. 서민들의 삶의 고통을 단적으로 보여 주는 것이 바로 사르밧 과부의 이야기(왕상 17:9-22)이며, 또 죽은 선지자제자 유가족의 이야기(왕하 4:1-7)이다. 전쟁과 기근은 그들 외에도 수많은 가족들에게서 남편과 부모를, 또 조상의 기업을 빼앗아 갔고 수많은 사람들이 내일의 소망을 잃어버린 채 고통 가운데 하루하루를 연명하고 있었다. 전쟁은 거기 동참한 자들에게 과거 경험할 수 없었던 큰 부와 권력을 가져다주기도 했지만, 반면 전쟁이 휩쓸고 간 자리에 남은 서민들에게는 헤어날 길이 없는 빈곤과 굶주림을 의미했다.[1] 여호와체제의 붕괴로 더 이상 "희년"을 기대할 수 없는 그들에게는 그런 상황이 더욱 절망적일 수밖에 없었다.

그러면 엘리사 시대의 상황을 오늘의 현실과 비교해 보면 어떨까? 물론 지금은 엘리사 시대 같은 전쟁의 시대는 아니다. 그런데 정말 그러한가? 조금만 생각해 보아도 세계 곳곳에 국가 간분쟁과 국지전들이 끊이지 않는 것을 알 수 있다. 또 온 세계가 엄청난 세계대전의 파국에 휘말렸다가 헤어난 지 아직 채 1세기도 지나지 않았다. 지난 20세기 초 두 번의 세계대전은 들여다볼수록 엘리사 시대의 전쟁과 많이 닮아 있다. 그 1, 2차 세계대전 역시 기본적으로 전 세계를 장악하려는 세계제국들 간의 충돌이었고, 그런 역사의 소용돌이 속에서 과거 우리나라와 같이 힘없는 나라들은 국권을 잃고 강대국 발아래 신음할 수밖에 없었다. 또 우리나라를 비롯한 세계 여러 나라 사람들이 전쟁 중에 가족을 잃거나 극한 빈곤에 시달리기도 했다. 당시 세계 현실은 유난히도 엘리사 시대의 상황과 비슷했다.

지금도 세계 여러 곳에서는 전쟁과 가난이 계속되고 있다.

---

1 열왕기하 8장에는 수넴여인이 하나님의 은혜로 잃어버린 토지를 되찾은 이야기가 나온다. 이것이 은혜로운 사건이었다는 것은 역으로 볼 때 당시 사람들이 전쟁, 기근 등으로 인해 조상의 기업을 잃어버리는 일이 일반적이었음을 시사한다.

현재 우리나라만큼은 거기서 벗어났다고 자부할 수 있는가? 여전히 그렇다고 말하기는 어렵다. 여전히 보이지 않는 전쟁이 계속되고 있고 그 가운데 고통받는 사람들이 있다. 이것은 비단 남북분단의 현실이나 저 북한 동포들의 현실만을 이야기하는 것이 아니다.

세계화의 그늘: 빈부 양극화

세계화라고 하는 현실에는 희망적인 면과 함께 숨겨진 그늘이 있다. 프랑스 경제학자 토마 피케티Thomas Piketty는 세계화가 초래한 전세계적 현상이 소득불평등과 양극화라고 지적한다.[2] 비록 과거 열강주의 시대처럼 전쟁을 통해 약소국을 침탈하는 일은 드물더라도 오늘날 역시 그때처럼 세계적 규모의 자본이 부를 독식하며 경제적 양극화가 전 세계로 확산되고 있다는 것이다.

그렇다면 왜 1, 2차 세계대전 이후 약 80여 년간에는 그러한 추세가 일시 완화될 수 있었는가? 피케티는 그간의 이례적 경제발전과 인구성장이 그런 불평등을 일시 무마시킬 수 있었기 때문이라 대답한다.[3] 이런 대답이 다른 나라는 모르더라도 적어도 우리나라의 경우는 매우 설득력 있는 대답이라 인정하지 않을 수 없다. 사실 빈부 양극화는 어제오늘의 일이 아니다. 그러나 지난 수십 년간 한국인들은 급속한 경제성장 속에서 모두가 잘 살게 되리라는 믿음 아래 경제적 불평등에 둔감해져 있었다. 그런데 문제는 오늘날 경제성장이 둔화되고 삶의 어려움이 피부로 체감되는 상황에서 갑작스럽게 사람들이 다시 그러한 불평

---

2 Thomas Piketty, *Capital in the Twenty First Century*, 장경덕 외 옮김,《21세기 자본》(서울: 글항아리, 2014), 513.

3 앞의 책, 426.

등의 현실에 눈을 뜨게 된 것이다.

피케티는 오늘날 세계 여러 나라가 경험하고 있는 경제적 난국을 "세습자본주의"patrimonial capitalism라는 이름으로 지칭한다.[4] '세습자본주의'란 요컨대 세습자산이 벌어들이는 수입이 생산활동을 통해 얻는 수입보다 더 커지는 현상을 말한다. 오늘날 한국사회에도 이 같은 현상이 분명하게 나타나고 있다. 1990년대 중반까지 한국은 경제성장률이 자본(자산)수익률보다 높았다. 그러나 이후부터 지금까지 줄곧 자본(자산)수익률이 경쟁성장률을 상회하고 있다.[5] 이것은 요컨대 열심히 일해서 얻을 수 있는 수익이 보유자산 자체가 벌어들이는 수익을 따라갈 수 없게 되었다는 의미이다. 결과는 점점 더 심각하게 느껴지는 빈부 양극화일 수밖에 없다.

현재 한국사회의 양극화가 얼마나 심각한지 보여 주는 지표 중 하나가 계층 간 소득 격차이다. 2017년 우리나라 소득 상위 10퍼센트가 가져간 소득은 전체의 56.5퍼센트였다. 이것은 하위 10퍼센트의 146배에 해당하는 금액이다.[6] 안타깝게도 이러한 소득 격차는 코로나 상황에서 이전보다 더 심화되고 있다. 2년째 코로나가 계속된 2021년 2/4분기 통계청 가계동향조사에 따르면 하위 20퍼센트의 가구소득은 전년 동기대비 6.3퍼센트

---

4   앞의 책, 210.

5   이우진, "한국의 소득과 자산의 불평등: 현황과 과제", 〈정부학연구〉 24(2018), 53.

6   방준호 기자, "상위 10% 1인 1억 7천만 원 벌 때 하위 10% 1인은 121만 원", 〈한겨레〉, 2018. 12. 31, https://www.hani.co.kr/arti/economy/economy_general/876363.html#csidxf4fb9daa5156f17b9d0e37de7ed8f7a

감소한 데 비해 상위 20퍼센트는 도리어 1.4퍼센트 상승한 것으로 나타난다.[7] 그런데 이것이 무색하리만치 더 놀라운 사실은 이 상위 20퍼센트의 재산 소득이 코로나 상황에서도 전년 동기대비 127.7퍼센트 상승했다는 사실이다.[8]

세습자본주의의 특징은 상위계층의 소득 중 특히 재산소득이 차지하는 비율이 높은 것인데 최근 한국사회에 두드러진 현상이 바로 이것이다. 일례로 2020년 주택소유통계자료에 따르면 상위 10퍼센트의 주택가액이 하위 10퍼센트의 46.75배이다. 더 곤란한 문제는 하위 10퍼센트의 주택가가 전년 대비 100만 원 오르는 사이 상위 10퍼센트는 2억이 넘게 올랐다는 점이다.[9]

그런데 이보다 한층 더 충격적일 수 있는 것은 한국의 계층별 토지 소유 현황이다. 2017년 경제정의실천시민연합(경실련) 조사에 따르면 우리나라 국민의 70퍼센트는 땅 한 평 갖지 못한 반면, 토지 소유자 상위 10퍼센트가 전국토지의 84퍼센트를 소유하고 있다.[10]

2021년 표준지 공시가가 10.37퍼센트 상승한 것을 감안할 때 최근 코로나 상황 속에 하위계층의 삶은 어려워지는 반면 상위

---

7   통계청, "2021년 2/4분기 가계동향조사 결과", 〈Income소득〉 보도자료, 2021. 8. 19, 9, https://kostat.go.kr/incomeNcpi/income/income_ip/1/1/index.board

8   앞의 자료, 9.

9   통계청, "2020년 주택소유통계 결과", 〈국가통계포털〉, 2021. 11. 16, 29. http://kostat.go.kr/portal/korea/kor_nw/1/10/4/index.board

10   조창훈 기자, "정동영-경실련, 국민 70% 땅 한 평도 없어…상위 10%가 84% 토지 보유", 〈나눔일보〉, 2017. 3. 13, http://www.nanumilbo.com/sub_read.html?uid=13040

계층은 오히려 더 부유해지는지 그 이유를 이해할 수 있다. 그 이유는 말할 것도 없이 그들의 재산소득이 상대적으로 너무 과대하기 때문이다.

흙수저들을 향한 부르심

　이상에서 살펴본 한국사회 현실을 엘리사 시대에 비추어 보면서 다시 한번 양자의 유사성에 놀라게 된다. 양자의 유사성은 무엇보다 자산 소유의 편중과 그로 인한 양극화의 심화에 있다. 엘리사 시대의 기득권층은 전쟁과 토지 겸병을 통해 자신의 부를 늘려가는 한편, 잇따른 전쟁 속에 삶의 기반을 잃은 서민들은 점점 더 헤어나기 어려운 가난에 빠져들었다. 설상가상으로 그들에게 덮친 기근은 더 깊은 절망의 수렁에 빠지게 했다. 앞에서 언급한 것처럼 바로 이러한 절망을 보여 주는 것이 사르밧 과부(왕상 17장)와 죽은 선지자제자 가족의 이야기(왕하 4장)이다. 여기서 주목할 것은 하나님께서 엘리사를 이와 같은 사람들에게로 보내셨다는 사실이다.

　사실 가난과 절망에 빠진 사람들에게 먼저 보내심을 받은 것은 엘리야였다. 하나님은 그릿시냇가를 떠난 엘리야를 사르밧 과부에게로 보내셨다. 엘리야는 어쩌면 이것을 일시적인 은신으로만 생각했을지 모르지만 이후 하나님의 인도하심을 보면 이렇게 하나님이 그를 사르밧 과부에게 보내신 것은 그 이상의 의미가 있었다고 볼 수 있다. 즉 하나님이 진정 그 마음을 향하신 대상은 아합이 아니라 바로 그 사르밧 과부 같은 가난한 사람들이었다는 것이다.

　유대전승에 의하면 이 사르밧 과부의 아들이 바로 선지자 요나이다.[11] 만일 이것이 사실이라면 하나님의 뜻이 엘리야를 통해 아합왕을 변화시키는 것보다 오히려 가난한 하나님의 백성들을 치유하고 변화시키는 데 있었다고 볼 수 있다. 가령 우리가 위의 유대전승을 별로 신뢰하지 않는다고 해도 여전히 이후 엘리야와 엘리사를 이끄신 과정에서 하나님의 마음이 위의 왕궁보다 아래 있는 가난한 자들에게 향하고 있었다고 인정할 수 있다.

그런데 엘리야는 이런 하나님의 뜻을 당시에 과연 얼마나 헤아리고 있었는지 의심된다. 이후 그는 그 가난한 자들을 떠나 아합에게로 갔기 때문이다. 물론 하나님께서 그를 보내셨기 때문이다. 그러나 이것은 하나님께서 그로 하여금 당시 '위로부터 개혁'의 한계를 깨닫게 하기 위해서가 아니었을까?

예수께서는 하나님의 택하신 자들이 그의 초청에 합당치 아니하므로 종들로 하여금 길에 나가 아무나 만나는 대로 잔치에 초청하게 하신 이야기를 들려주셨다(마 22:1-10). 이를 통해 예수는 당신께서 왜 당시 유대지도자들이 아니라 갈릴리의 가난한 자들을 찾아오셨는지 설명하신 것이다. 그런데 이러한 일이 실상 신약시대만 아니라 이미 엘리야와 엘리사 시대에 시작된 일이라 볼 수 있다. 이런 의미에서 선지시대는 신약시대의 서막序幕이기도 하다.

---

11 열왕기하 14장 25절은 그러나 이런 가능성을 의심하게 한다. 그 이유는 그의 활동기가 엘리야의 시기와 너무 동떨어졌을 뿐 아니라 그의 모친이 "사르밧 과부"라는 것이 그가 "가드헤벨 사람 아밋대의 아들"이라는 사실과 잘 부합하지 않기 때문이다. 한편 요나는 사르밧 과부가 아니라 엘리사가 살려 낸 수넴여인의 아들이라는 유대전승도 있다.

당시 하나님께서 가난한 자들에게로 마음을 향하셨다는 사실을 보여 주는 또 다른 증거는 엘리야에 이어 엘리사를 다시 그 사르밧 과부와 흡사한 가난한 사람들에게 보내신 일이다. 첫 번째 예는 바로 죽은 선지자제자의 아내와 두 아들이다. 이미 위에서 언급한 대로 "선지자제자들(후손들)"(왕하 4:1)은 말 그대로 옛 선지자의 후예들일 수도 있지만 그보다는 전쟁 속에 삶의 터전을 잃고 유리방황하다가 엘리사에게 와서 몸을 기탁한 사람들일 가능성이 크다. 우리는 그들의 탄식을 들으며 "내가 너희를 위해 어찌할꼬?"(왕하 4:2)라고 함께 탄식하는 엘리사의 심정을 이해할 수 있다. 이것이 오늘 한국 목회자들의 심정이라고도 할 수 있기 때문이다.

이 죽은 선지자제자 가족의 사정이 더욱 안타까운 이유는 많은 한국의 서민 가정의 상황이 이와 전혀 다르지 않기 때문이다. 곧 가난이 대물림되고 있는 현실이다. 죽은 선지자제자의 두 아들은 요즘 유행어로 '흙수저'에 해당한다. 아직 젊은 나이에 부모의 빚을 고스란히 대신 짊어져야만 하는 처지의 청년들이었던 것이다. 그들은 당시나 오늘이나 자신이 살고자 하는 삶을 살지 못하고 청년기부터 삶을 저당잡힌 채 살아간다. 이렇게 엘리사 시대의 두 아들의 상황이 이 땅의 일부 흙수저 청년들의 현실과 같다면 이들에게 다시 자유를 찾아 주는 엘리사의 방법은 무엇이었을까? 그 방법을 어떻게 한국 청년들의 삶에 적용할 수 있을까?

이런 질문을 가지고 열왕기하 4장의 이야기를 읽어 가면 이내 벽에 부딪치고 만다. 왜냐면 엘리야의 방법이란 지금 이 시대에 적용하기에는 너무나 '기적적'인 방법들이기 때문이다. 그런데 이런 장벽을 우회해서 그 '기적들'에 감춰진 하나님의 원리를 찾아보면 이어지는 기적의 사건들 속에서 한 가지 공통적인 원리를 발견할 수 있다. 그것은 바로 '나눔의 원리'이다.

나눔의 공동체

죽은 선지자제자의 아내가 생각하기에 집에 남은 "기름 한 병"은 현재 상황에서 아무 의미가 없는 것이었다. 그런데 엘리야는 그녀에게 먼저 이웃들에게 가서 가능한 많은 그릇을 빌리고 그 그릇들에 집에 있는 작은 병의 기름을 옮겨 부으라고 명한다(왕하 4:3-4). 여기서 "그릇"(케리)은 한글로 '그릇'이라 번역했지만 실제로 작은 그릇이 아니라 당시 가정의 식료품 등을 저장하는 데 쓰인 항아리들을 뜻한다. 그러므로 이런 빈 항아리를 여인에게 빌려줄 수 있는 이웃들은 역시 그녀처럼 가난한 이웃들일 수밖에 없다. 왜냐하면 만일 먹을 것이 많은 부자집이라면 항아리가 비어 있지 않았을 것이기 때문이다.

만일 이런 추정이 옳다면 하나님께서 엘리사를 통해 그녀에게 하신 말씀은 그녀의 적은 소유를 가난한 이웃에게 "흘려보내라"는 말씀이었다. 그런데 실제로 그녀가 이렇게 했을 때 그 병의 기름이 끊이지 않고 계속 흘러나와 그 모든 항아리들에 가득 차게 되었다. 이것이야말로 예수께서 하신 말씀의 성취가 아닐 수 없다. "주라 그리하면 너희에게 줄 것이니 곧 후히 되어 누르고 흔들어 넘치도록 하여 너희에게 안겨 주리라"(눅 6:38).

생각해 보면 과거 엘리야가 사르밧 과부에게 명한 것도 동일한 명령이며 그때의 기적도 동일한 원리의 기적임을 알 수 있다. 엘리야는 과부에게 먼저 자신을 위해 떡 하나를 만들어 가져오

고대 이스라엘의 저장용 항아리들

라고 했다(왕상 17:13). 그런데 그녀가 이런 요구에 따르기 어려웠던 이유는 실상 그녀가 엘리야를 위해 먼저 떡을 만들면 자신과 아들을 위해 떡을 만들 재료는 남아 있을 수 없었기 때문이다. 때문에 그 요구는 하나님의 약속을 신뢰하고 먼저 자신의 것을 드리라는 도전이었다. 이것은 다시 신약의 말씀, "너희는 먼저 그의 나라와 그의 의를 구하라 그리하면 이 모든 것을 너희에게 더하시리라"(마 6:33)는 예수님의 말씀과 일치한다 할 수 있다. 그녀가 말씀에 순종했을 때 말씀대로 "통의 가루가 떨어지지 아니하고 병의 기름이 없어지지 아니하였다"(왕상 17:16).

열왕기상 17장 본문에서 특별히 눈길을 끄는 구절은 15절의 "여러 날"이다. 왜냐면 원래 이 여인에게는 "여러 날"이 없었기 때문이다. 이 여인은 그냥 그날 먹고 그 후에 죽으려 했던 사람이다. 따라서 이 본문의 이야기가 주는 메시지는 우리가 하나님의 약속을 믿고 현재의 자신을 드릴 때 자신을 포함한 여러 사람들에게까지 전에 없던 내일이 주어진다는 메시지이다.

나눔을 통해 여러 사람이 배부르고 함께 살아난다는 메시지는 이 사건만 아니라 이어지는 엘리사의 기적에서 계속 되풀이된다. 엘리사가 바알살리사에서 온 사람의 선물을 선지자공동체와 함께 나누었던 일에서도 그러하다. 사실 바알살리사 사람이 가져온 그 "보리떡 이십 개와 자루에 담은 채소"(왕하 4:42)는 백여 명이 나누기에는 턱없이 부족한 양이었다. 그럼에도 불구하고 나눠 주었을 때 결과는 모든 사람이 "먹고 남았더라"는 것이었다(왕하 4:44).

마지막 구절은 예수님의 오병이어의 기적을 연상시킨다. 오병이어 기적에서도 먼저 자신의 것을 예수님께 가져온 소년이 있었다. 이때 제자들에게는 소년이 가져온 음식이 당시 아무런 의미 없는 것이라 여겨졌다. 그러나 예수께서는 그것을 그 자리에 있던 오천 명의 사람들과 나누게 하셨다. 그들이 말씀에 따랐을 때 수많은 사람들이 모두 배불리 먹고 남은 떡 조각을 열두 바구니에 차게 거둘 수 있었다(요 6:13). 엘리사 시대의 기적과 같이 오병이어의 기적에도 역시 작은 나눔을 통해 수많은 사람들이 배부르게 되는 원리가 담겨 있다.

작은 자의 헌신을 통해 놀라운 하나님의 일이 이루어짐을 보여 주는 또 하나의 사건은 아람 장군 나아만이 나병에서 치유받은 사건이다. 이 일은 당시 한 이스라엘의 소녀가 적국인 아람에 포로로 잡혀가는 데서 시작된다. 생각해 보면 소녀의 인생은 참으로 기구한 인생이라는 것을 알 수 있다. 아마도 소녀는 거듭되는 전쟁 속에서 부모를 잃어버리고 홀로 이국땅에 사로잡혀 와 적장의 노예생활을 하는 소녀였을 것이다. 사실 그녀의 주인인 나아만은 소녀에게 이러한 불행을 초래한 장본인이 아닐 수 없다. 그럼에도 불구하고 소녀가 그런 주인에게 베푼 선의는 어디에서 말미암은 것일까?

우리는 이 소녀가 이전에 엘리사를 알았던 사람임을 알 수 있다. 엘리사와 구체적으로 어떤 관계가 있었는지 알 수 없지만, 분명한 것은 소녀가 엘리사의 신앙과 사역에 큰 영향을 받았다는 점이다. 특히 소녀가 이방인 주인에게 보인 태도에서 엘리사가 그 이방인에게 보인 태도와 서로 일치하는 점을 발견할 수 있다. 엘리사 역시 적국의 수장인 그에게 여종이 베푼 것 같은 선의를 베풀고 있다. 실상 엘리사는 그에게 선의를 베푸는 정도가 아니라 그가 자신을 찾아온 일을 매우 중요한 일로 인식하고 있었다. 이 점을 나아만에게서 금품을 수수한 그의 수종자 게하시를 다음 같이 엄히 꾸짖는 대목에서 확인할 수 있다. "지금이 어찌 은을 받으며 옷을 받으며 감람원이나 포도원이나 양이나 소나 남종이나 여종을 받을 때이냐?"(왕하 5:26) 여기서 드는 질문은 엘리사가 이렇게까지 중요한 때로 인식한 그 "지금"이 과연 어떤 때일까 하는 것이다.

성경의 전후맥락을 통해 얻을 수 있는 답은 곧 엘리사가 인식한 "지금"이 바로 하나님의 이름이 열방에 알려지기 시작하는 때라는 것이다. "그가 이스라엘 중에 선지자가 있는 줄을 알리이다"(왕하 5:8). 엘리사의 이 말은 결코 자신의 존재가 이방에 알려지는 것이 중요하다는 의미가 아니다. 만일 그랬다면 나아

143

만이 기대한 것처럼 "그의 손을 환부에 흔들어"(왕하 5:11) 자신의 존재감을 그에게 각인시켰을 것이다. 그러나 엘리사는 그렇게 하지 않았다. 엘리사는 단지 요단강에 가서 몸을 일곱 번 씻으라는 하나님의 말씀을 전했다. 결국 엘리사는 그 일을 통해 자신이 아니라 하나님이 그 이방인의 입에서 높임을 받게 했던 것이다. "내가 이제 이스라엘 외에는 온 천하에 신이 없는 줄을 아나이다"(왕하 5:15). 이러한 나아만의 고백에서 비로소 선지시대 최초로 이방인 가운데 여호와가 하나님이심이 인정되는 것을 볼 수 있다.

엘리사의 의도가 이처럼 이스라엘을 넘어 열방에까지 하나님의 이름을 전하는 것이었다고 보면 그가 당시에 얼마나 시대를 앞선 사람이었는지 알 수 있다. 또 여기서 왜 그가 실질적으로 선지시대의 아버지인지 알게 된다. 그는 그 시대에 하나님의 이름이 비단 그가 이끄는 신앙공동체에만 아니라 열방 가운데 전파될 것을 미리 내다보고 있었던 것이다. 어쩌면 그는 이미 세상 가운데 '흩어지는 씨앗'의 비전을 가지고 있었는지 모른다. 그래서 그는 단순히 그의 공동체만을 위해서가 아니라 궁극적으로 열방을 위해 사역했다고 볼 수 있다. 이렇게 해서 그의 공동체가 배출한 첫 번째 "열방의 선지자"가 바로 나아만의 여종이었다고 볼 수 있다.

나아만의 여종은 열방 선지자들의 원형이다. 즉 그녀는 여러모로 이후 열방 가운데 흩어진 하나님의 사람들의 모습을 선취적으로 보여 주고 있다. 그녀는 이름도 알 수 없는 낮은 자로서 이전에 어떤 왕이나 제사장도 밟지 못했던 이방땅에 나아가 그

144

땅 주인에게 하나님의 이름을 전했다. 바로 이러한 그녀의 선례를 따라 이후 다니엘, 느헤미야, 에스더 같은 하나님의 사람들이 열방 가운데서 낮은 자의 모습으로 하나님의 이름을 전했던 것이다. 이렇게 나아만의 여종은 '열방의 선지자'의 선례가 될 뿐 아니라 이후 이 땅에 '고난의 종'으로 오신 예수 그리스도의 예표라고도 할 수 있다. 선지시대 하나님의 종들은 그처럼 열방 가운데서 낮은 자로서 예수 그리스도를 예표하는 삶을 살았다. 엘리사의 공동체사역은 바로 이런 하나님의 사람들을 준비시키는 사역이었다고 할 수 있다.

관계적 네트워크

엘리사가 엘리야와 다른 점은 관계적인 사람이었다는 점이다. 반면 엘리야는 하나님을 향해 열심이 특심했다. 때문에 그에게는 하나님의 특별한 기름부음이 주어졌다. 그러나 인간관계에 있어 스스로를 고립시키는 성향이 있어 하나님의 기름이 그를 통해 더 널리 영향을 끼칠 수 없었다. 한편 엘리사에게서 이러한 엘리야의 한계가 극복되고 그를 통해 하나님의 기름이 더 많은 빈 그릇들에게까지 흘러가는 것을 보게 된다.

엘리사의 기름부음이 실제로 다양한 곳과 사람들에게까지 널리 영향을 미칠 수 있었던 이유는 그가 과거 사무엘처럼 여러 곳을 다니며 순회사역을 했기 때문이다. 열왕기하 2~9장을 보면 엘리사가 갈멜산에서부터 수넴, 이스르엘, 도단, 사마리아, 길갈, 벧엘, 여리고 등 여러 지역을 남북으로 오가며 실로 다양한 사람들을 만나 다양한 사역을 펼치는 모습을 볼 수 있다. 그가 만나는 사람들은 위로 왕과 왕의 관리들로부터 아래로 지방 촌민과 각 지역 선지자공동체에 이르는 실로 다양한 신분의 사람들이다. 이같이 다양한 사람을 만나고 다양한 지역을 오가며 수행한 사역은 남북의 신앙공동체를 잇는 일종의 신앙일치운동이었다고도 볼 수 있다. 또한 그것은 각지의 사역을 하나로 묶는

일종의 네트워크사역이었다.[12]

이러한 엘리사의 네트워크사역은 오늘날 여러 교단과 교파로 갈라져 서로 협력하기보다 경쟁하기에 더 익숙해져 버린 한국개신교회에 시사하는 바가 크다. 물론 한국개신교회는 초창기부터 총회와 노회 조직을 통해 지역교회들 간의 협의와 협력을 도모해 왔다. 그러나 실제로 이러한 교회조직은 진정한 그리스도의 몸을 이루기보다 기성교회들만의 폐쇄적 조직에 머문 것 역시 부인하기 어려운 사실이다. 우리는 계속해서 한국교회의 이런 한계를 극복하고 스스로 개혁해 나가지 않으면 안 된다. "개혁교회는 계속해서 개혁되어야 하기"Ecclesia reformata, semper reformanda est 때문이다.

그런데 우리는 한편으로 엘리사의 네트워크사역에 영감을 받아 그 같은 교회 안팎의 새로운 네트워크사역을 위해 노력할 필요가 있다. 이러한 네트워크사역은 기존 교회조직에 맞서는 것이 아니라 오히려 활기를 불어넣는 활력소가 될 것이다. 좋은 모범사례가 되는 것이 미국의 팀 켈러 목사가 창립한 뉴욕 리디머교회의 도시선교사역이다. 리디머교회의 비전은 "모든 사람

---

12 추측컨대 이러한 엘리사의 네트워크사역은 당시의 지역 배타주의나 부족 배타주의에 부딪혔을 가능성이 있다. 어쩌면 열왕기하 2장 23-25절에 기록된 "아이들"의 조롱이 이러한 지역 배타주의를 보여 주는 것일지 모른다. 개역성경에 "아이들"이라고 번역된 히브리 단어 "나알"은 어린이가 아니라 청소년 혹은 청년들을 의미할 수 있는 말이다. 따라서 이 삽화는 벧엘성민들이 자기 지역에 침범한 타지역 사람에 대해 가진 거부감을 그 성내 젊은이들이 대표적으로 표현했던 것을 보여 주는 이야기일 수 있다. "올라가라"(왕하 2:23)는 말은 엘리야처럼 하늘로 승천해 보라는 의미일 수도 있지만 북쪽 너의 출신지로 올라가라는 의미일 수 있기 때문이다.

을 선교사로 세우라"이다.[13] 이것은 모든 교인들이 자신의 직장이나 이웃에서 그들의 관계망을 통해 복음을 증거하도록 격려하는 말인데, 이 교회는 복음 증거가 단지 말로만 아니라 교인들의 삶을 통해 이루어져야 함을 강조하고 있다.

그런데 사실 이렇게 평신도의 삶을 통한 복음 증거를 강조하는 교회는 리디머 외에도 많을 것이다. 리디머교회의 탁월성은 말로만 아니라 실제 교인들이 그러한 삶을 살도록 지원하는 다양한 지원시스템을 통해 이루어지고 있다는 점이다. 예컨대 "신앙과 직업 센터"center for faith and work를 통해 성도들이 각자의 직업현장에서 기독교적 가치를 추구하도록 지원하고, 창업포럼의 개최로 새로운 기독교적 사업을 개발하며, 예술문화사역을 통해 기독교인의 예술창작과 문화활동을 지원한다. 또한 "정의와 자비"justice and mercy 사역을 통해 도시 안팎의 가난하고 소외된 이웃과 연대하고 있다. 비단 이 교회만의 사역은 아님에도 불구하고 돋보이는 이유 중 하나는 그 사역의 중심이 목회자가 아니라 일반 교인들이라는 점일 것이다. 그런 교인들이 사역의 중심이 됨으로써 교회는 지속적으로 세상 속으로 흩어지는 원심력적 운동을 수행한다.[14] 이러한 원심력적 운동을 통해 리디머교회는 도시 안팎의 다른 교회들이나 신앙공동체들과도 연대하여 함께 세상 속에서 하나님의 나라를 세워 가고 있다.

---

13 Timothy J. Keller, *Center Church*, 오종향 옮김,《팀 켈러의 센터처치》(서울: 두란노, 2016), 524.

14 이와 같은 원리를 뉴욕 리디머교회보다 먼저 실천한 미국의 교회로는 워싱턴 D.C.의 구세주교회(Church of the Savior)를 들 수 있을 것이다.

한국에도 필요하다고 생각되는 것이 바로 이 같은 범교회적 네트워크사역이다. 특별히 사회 곳곳의 '관계적 사각지대'에 놓인 이웃을 찾아가는 일이 한국교회의 시대적 사명이라 생각한다. 예컨대 이혼자, 비혼 독신자, 한부모가족, 독거노인, 탈북민, 결혼이주여성과 중도입국자녀, 외국인거주자나 무국적 난민 등이다. 어쩌면 한국교회는 여전히 오로지 내국인 '정상가족'만을 사역의 대상으로 삼는 '정상가족 이데올로기'[15]에 갇혀 있는지 모른다. 그러나 현재 4인 이상의 이른바 '정상가족'이 아니라 오히려 3인 이하의 비정형가족들이 더 많은 비중을 차지하고 있으며, 서울의 경우 세 가구 중 한 가구가 혼자 사는 1인 가구라는 사실이다.[16] 이것이 시사하는 바는 우리 주변에 수많은 '사르밧 과부와 아들'들이 살고 있다는 것이다. 그런데 아직 그들은 이 시대 엘리야의 방문을 받지 못하고 있다.

엘리야와 엘리사 시대에도 그랬던 것처럼 이 사회 안에 관계적으로 소외되어 있는 많은 이웃은 경제적으로도 소외된 사람들이다. 엘리야와 엘리사 시대와 마찬가지로 한국사회 구석구석에도 바로 그와 같은 사람들이 생계의 어려움과 마음의 고통을 동시에 안고 살아가고 있다. 바로 지금이 이들에게 교회가 나아가야 할 때이다. 그들을 찾아가 함께하며 엘리사의 공동체와 같은 소망의 공동체를 함께 만들어 가야 할 때이다.

---

15 정상가족 이데올로기란 아빠, 엄마, 그리고 두세 명의 자녀로 이루어져 있는 전형적인 핵가족 형태의 가족이 정상적 가족이며 그 외의 가족 형태는 모두 비정상적이라고 생각하는, 사실상 현실과 동떨어진 생각을 말한다.

16 이현주 기자, "쪼개져 사는 대한민국…가구수 2000만 넘었다", 〈한국일보〉, 2018. 8. 27, https://www.hankookilbo.com/News/Read/201808271408090717

우리가 만들어야 할 공동체

마지막으로 이상에서 살펴본 엘리사의 공동체가 한국교회에 주는 시사점들을 정리해 보고자 한다. 한국사회에는 심각한 양극화 가운데 내일의 소망을 잃어버린 사람들이 경제적 어려움과 심리적 고통을 함께 안고 살아가고 있다. 이러한 현실 속에서 엘리사의 공동체가 주는 시사점들은 무엇일까?

먼저 엘리사의 공동체를 통해 지금이 위를 향하기보다는 아래를 향할 때라는 것을 보게 된다. 여기서 먼저 전제해야 할 것은 아래를 향하는 것이 반드시 모든 사역자들에게 일률적으로 적용되는 원칙은 아니라는 점이다. 사람들은 각자 받은 부르심이 있고 그들 중에는 언제나 상대적으로 높은 지위나 중책으로 부르심을 받은 사람들이 있기 마련이다. 이런 의미에서 '고지론'高地論은 항상 일면의 타당성이 있다. 그러나 유념할 것은 그렇게 고지에서 일하는 것이 결코 항상 아래에서 일하는 것보다 더 쉬운 일은 아니라는 사실이다. 오히려 많은 경우 더 힘들고 외로운 길일 수 있다.

오늘날 위를 향하는 목회자는 엘리야가 이세벨 앞에서 겪은 좌절과 미가야가 시드기야에게 당한 수모를 당할 준비가 돼 있어야 한다. 이를 위해서는 물론 먼저 그 시드기야 같은 목회자가 되지 말아야 할 것이다. 그런데 우리는 늘 이런 각오로 살지만 실제로 결코 쉬운 일이 아니다. 또 문제는 설령 시드기야의 편에 서지 않고 미가야의 수모를 견뎌 낸다고 할지라도 과연 현실적으로 얼마나 기대하는 목회적 열매를 거둘 수 있을지 알 수 없다는 점이다. 도리어 엘리야가 경험했던 좌절을 경험하게 될 가능성이 크다. 지금은 엘리야 때와 같은 전환의 시대이기 때문이다. 그래서 생각하기에 차라리 지금 더 나은 길은 엘리사처럼 낮은 데로 나아가는 길일지 모른다는 것이다.

낮은 데로 나아가는 길은 당장 보기에 어렵고 전망이 없어 보이는 길이다. 그러나 실상 이 길이야말로 엘리사의 공동체가 그랬던 것처럼 미래를 열어가는 길이요 사역의 한계를 돌파하는 길일지 모른다. 그러나 선택과 부르심은 각자의 것일 수밖에 없다.

둘째로 엘리사 공동체가 주는 시사점은 그와 같은 나눔의 공동체가 이 시대가 필요로 하는 공동체라는 사실이다. 오늘날 한국교회에는 공동체를 강조하는 목소리가 많다. 그러나 현실적으로 그런 공동체의 실현은 말처럼 쉬운 일이 아니다. 왜냐하면 공동체를 이룬다는 것은 사회 전반의 흐름에 역행하는 일이 되기 때문이다. 수십 년 전만 해도 공동체문화를 자랑하던 한국사회가 어느새 세계 어느 곳 못지않은 개인주의적인 사회가 되어 버렸다. 교회도 마찬가지로 공동체성을 강조하지만 실상은 점점 그 공동체성을 잃어 가는 집단이 되고 있다. 사회 여느 곳과 마찬가지로 현대교회는 교인들이 각자 필요에 따라 와서 각자의 기호에 맞는 것을 소비하고 떠나가는 그런 쇼핑센터 같은 곳이 되어 버렸다. 이런 상황에서 새로운 신앙공동체를 형성한다는 것은 이런 시류時流를 거스르는 일이다.

특별히 한국 젊은이들에게 엘리사의 공동체와 같은 신앙공동체는 아마도 생명샘처럼 소중한 곳이 될 것이다. 그러나 실제로 그들 가운데서 그런 공동체를 만들어 간다는 것은 참으로 어려운 도전임이 분명하다. 현재 한국의 2030세대는 고향을 떠나 서울로 온 핵가족세대의 자녀이며 합계출산율 1.5 이하가 된 1990년대 이후 출생한 자들로 대부분 성장기를 도시에서 홀로 자라난 청년들이다. 즉 과거에 한국문화 하면 연상됐던 집단문화에는 전혀 낯선 세대인 것이다. 이런 그들은 현재 코로나상황에서 누에고치 속의 누에처럼 혼자 사는 삶에 익숙해져 있다.

한편으로 이런 그들에게서 사르밧 과부의 특징을 발견하기도 한다. 바로 '탕진잼'이란 말이 내포하듯 오늘 가진 것을 탕진하고 내일 살 길이 없으면 그만이라는 식의 허무주의이다. 그래서 그들은 내일 잠잘 곳이 없어도 오늘 최신형 스마트폰을 산다. 이런 그들에게 엘리야가 사르밧 과부에게 요구한 것처럼 현재의 소유를 하나님께 드리라 하는 것은 그들에게 꼭 맞는 도전이지만 결코 따르기 어려운 요구임이 분명하다. 그러나 사르밧 과부에게 그러했던 것처럼 이러한 헌신이야말로 결국 그들에게 새로운 생명을 주는 길이 될 것이다.

한국교회의 소망은 사르밧 과부 같은 젊은이들이 나아만의 여종같이 세상을 섬기는 하나님의 사람들로 거듭나는 데 있다. 실제로 한국의 젊은이들은 경제난과 취업난으로 어쩔 수 없이 시간제 아르바이트, 임시인턴직, 일용노동자, 해외취업자 등으로 세상 가운데서 이미 고난의 종의 삶을 살아가고 있다. '열정페이', '희망고문' 같은 유행어들이 그들의 박탈감과 분노를 대변해 주고 있다. 그럼에도 불구하고 나아만의 여종처럼 각자가 처한 자리에서 그런 수모를 견디어 내는 길만이 아마도 그들 자신과 한국교회의 미래를 여는 길이 될 것이다.

한국교회에는 또한 세상에서 살길을 잃고 하나님의 보호 아래 찾아든 사람들에게 기꺼이 자신의 것을 나누는 바알살리사에서 온 사람 같은 헌신이 필요하다. 혹은 선지자제자의 아내처럼 비록 적은 소유라도 이웃의 빈 그릇에 붓는 헌신자가 필요하다. 그런데 이러한 헌신자들이 한 가지 기억해야 할 것은 현실의 공동체는 우리가 생각하는 이상적 공동체와는 많이 다르다는 점이다. 마치 누군가가 가지고 온 들호박이 공동체 식구들에게 식중독을 일으켰듯이 오늘날에도 예기치 못한 관계의 독이 공동체 가운데 퍼져 여러 사람을 고통스럽게 만들 수 있다(왕하 4:38-41). 사실 모든 공동체는 이러한 일이 일어나리라 예상해야 한다. 왜냐하면 그곳에 모인 사람들은 세상 가운데 상처받아 '쓴뿌리'를 지닌 사람들이기 때문이다. 실상 신앙공동체 가운데서 우리가 함께 나누어야 할 것은 무엇보다 그렇게 상한 마음의 고통일지 모른다.

엘리사의 공동체에서 배워야 할 또 한 가지는 이 공동체의 사역이 단순히 가난하고 마음이 상한 자들을 돌보는 사역이 아니라 스스로 자신의 것을 나누고 하나님께 헌신하도록 도전하는 사역이라는 점이다. "모두가 사역자가 되게 하라" 할 때의 "모두"는 단지 기성교회의 교인들만 아니라 그들이 사역 현장에서 만난 '사르밧 과부'들이기도 하다. 엘리사의 공동체는 이런 사람들을 단지 구제하는 것이 아니라 자신이 새로운 공동체의 리더가 되고 사역자가 되도록 도전하는 곳이었다. 그 공동체는 어느 누구도 일방적으로 받기만 하지 않고 자신을 나눔으로 다시 채워지는 곳이었다. 또한 한 사람의 기부에 의해서가 아니라 거기 참여하는 모든 구성원들이 십시일반으로 함께 세워 가는 공동체였다.[17]

한편 우리는 엘리사의 공동체가 점점 그 거처가 좁아져서 새로운 처소를 마련해야 했던 것을 볼 수 있다(왕하 6:1-2). 오늘날 함께 만들어 갈 공동체에도 이 같은 수적 배가가 일어날 것을 기대할 수 있다. 그런데 엘리사의 공동체는 결국 와해되고 말았다는 사실을 기억해야 한다. 엘리사 공동체의 새로운 처소가 세워진 곳은 '요단강가'였는데, 이것은 얼마 후면 아람이 침략해 들어올 지역에 그들의 새 처소를 마련했다는 것을 의미한다.[18] 그곳이 아람에 짓밟히게 되었을 때 그들이 가장 먼저 노략을 당하거나 포로로 잡혀가게 되었을 가능성을 시사한다. 실제로 그러한 일이 일어났으리라고 추측할 수 있는 이유는 이 시대 하나님의 뜻이 궁극적으로 이스라엘을 세상으로 흩어 보내는 데 있었기 때문이다. 여기서 기억할 것은 오늘날에도 하나님의 뜻은 단지 그

---

17 우리는 이것을 엘리사 공동체 구성원들이 그들의 새로운 처소를 마련할 때 그들이 "각각 한 재목"(왕하 6:2)씩 감당하기로 협의하는 데서 엿볼 수 있다.

18 선지자공동체의 새 처소는 엘리사의 고향인 아벨 므홀라(Abel Meholah) 근방, 최근 '엘리사'라는 이름이 적힌 도기 조각이 발견된 텔 르홉(Tel Rehov) 주변이었을 가능성이 크다. 그런데 이곳은 이후 하사엘이 침공하여 이스라엘과 전쟁을 벌이게 된 곳이다. "이 때에 여호와께서 이스라엘에서 땅을 잘라 내기 시작하시매 하사엘이 이스라엘의 모든 영토에서 공격하되 요단 동쪽 길르앗 온 땅 곧 갓 사람과 르우벤 사람과 므낫세 사람의 땅 아르논 골짜기에 있는 아로엘에서부터 길르앗과 바산까지 하였더라"(왕하 10:32-33).

백성을 한곳에 모여 강성해지도록 만드는 것이 아니라 세상 가운데 흩어 보내시는 것이라는 점이다. 엘리사의 시대와 마찬가지로 오늘날에도 하나님의 백성은 세상 가운데 흩어져 밀알처럼 살아가는 사람들이다.

6

고난을

통한

부르심

청년 선지자 요나

앞 장에서 잠깐 언급했듯 유대전승에 의하면 요나는 엘리야가 살려 낸 사르밧 과부의 아들이거나 혹은 엘리사가 살려 낸 수넴여인의 아들이다.[1] 만일 이 둘 중 하나가 사실이라면 요나가 엘리야와 엘리사의 제자였으리라 추정할 수 있다. 어려서부터 그들을 가장 많이 보고 자랐고 소년 시절부터 수종자가 되어 배웠으리라 상상해 볼 수 있기 때문이다. 만일 후자의 전승대로 요나가 수넴여인의 아들이라면, 그래서 엘리야의 제자가 엘리사인 것처럼 엘리사의 제자가 요나였다면, 그가 또한 엘리사의 지령을 받아 예후에게 기름을 부었던 바로 그 익명의 "청년 선지자"(왕하 9:4)라는 미드라쉬 역시 그럼직한 것으로 받아들일 수 있다.[2]

그런데 요나가 "가드헤벨"Gath-hepher 사람이라는 것(왕하 14:25)은 위의 유대전승을 뒷받침해 주기보다는 도리어 의심케 한다. 물론 가드헤벨로 추정되는 지역은 수넴에서 매우 가까운 곳이다. 그러나 그럼에도 불구하고 가드헤벨은 엄연히 수넴과는 다른 지역이다. 그런데 설령 우리가 위의 유대전승을 의심한다 할지라도 여전히 요나가 엘리사의 제자 중 하나였으리라 볼

---

1   Barbara Green, *Jonah's Journey*(Collegeville, MN: Liturgical Press, 2005), 127.

2   앞의 책.

수 있는 이유는 요나가 엘리사와 동시대인으로, 그것도 매우 가까운 지역 출신이기 때문이다. 엘리사의 주된 활동기는 대략 북이스라엘 여호람왕 때부터 여호아하스왕 때까지(주전 852~798년) 약 50여 년간이다. 요나는 아마 이 사이에 태어나 성장한 사람이었을 것이다. 이 시기 가드헤벨에서 성장한 요나가 엘리사가 활동하던 갈멜산, 수넴 등지에서 그를 만나 다른 제자들과 함께 가르침을 받았으리라는 추정에는 충분한 개연성이 있다.

요나서를 보면 이런 요나는 그 성격면에서는 엘리사보다 오히려 엘리야를 더 많이 닮은 것처럼 보인다. 다른 사람들과 함께 하기보다는 혼자 다니는 행동에서다. 요나는 배를 타고 다시스로 도망할 때도 혼자였고 후에 니느웨에 가서 하나님의 심판을 예언할 때도 혼자였다. 이것은 갈멜산에서 바알선지자들과 대결할 때도 혼자였고 후에 광야로 갈 때도 혼자 갔던 엘리야의 모습을 연상시킨다.

또 요나가 쉽게 분노하는 다혈질인 점에서 엘리야와 비슷함을 찾을 수 있다. 하나님께서 니느웨를 심판하시겠다던 뜻을 철회하시자 요나는 불같이 화를 낸다(욘 4:1).[3] 또한 그가 좋아했던 박넝쿨을 말리셨을 때에도 하나님께 화를 내며 "차라리 사는 것보다 죽는 것이 낫겠다"고 항의한다(욘 4:8). 이렇게 '불같이' 화를 내는 요나의 모습이 어느 정도 엘리야를 닮았다고 볼 수 있다. 물론 엘리야가 노골적으로 하나님께 화낸 일은 별로 없지만

---

3 "요나가 매우 싫어하고 성내며"(욘 4:1). 여기서 "성내며"라고 번역된 히브리어 '하라'는 원래 '불태우다'는 뜻의 어원에서 파생된 단어로 항상 '분노'의 함의를 지닌다.

그 역시 자신을 죽여 달라고 호소함으로 간접적으로 하나님께 분노를 표출했다고 볼 수 있다. 이런 엘리야의 호소에는 자신의 그 같은 노력에도 불구하고 참담한 좌절을 안겨 주신 하나님에 대한 원망과 분노가 감춰져 있다. 또한 앞에서 언급한 바와 같이 그의 사역에서 자주 하나님의 '불'이 나타나는 것도 어느 정도 엘리야의 성격을 반영하는 것일 수 있다. 그것이 그의 열정뿐 아니라 '불같은' 성격을 반영하는 것일 수 있다. 요컨대 이런 면들에서 엘리야와 요나는 서로 닮았다.

그런데 엘리야와 요나는 서로 대조적인 면도 있다. 엘리야의 다혈질적 기질이 이스라엘의 부흥을 향해 달려가는 열정으로 나타난다면, 요나에게서는 이와 같은 열정을 찾아볼 수 없다. 엘리야가 열정적으로 하나님을 향해 달려갔다면 요나는 오히려 하나님을 피해 달아났다(욘 1:3). 그런데 이러한 차이를 단순히 두 사람의 성격 차이라고 보기보다 두 사람이 살았던 시대 상황에 기인한 것으로 봐야 한다. 그렇다면 구체적으로 어떤 시대 상황의 차이가 그 두 사람의 태도를 다르게 만들었을까?

북이스라엘의 운명

역사적으로 볼 때 엘리야의 활동기(대략 주전 875~850년)는 아직 앗수르의 위협이 이스라엘에게 피부로 느껴지지 않았을 시기이다. 다시 말해 이스라엘이 감당치 못할 막강한 적의 존재를 아직 잘 모르고 있었을 때라는 것이다. 이스라엘을 포함한 반앗수르동맹이 일시적으로나마 앗수르의 서진을 막아 낼 수 있었던 것이 어쩌면 이러한 현실 인식의 지연을 초래한 요인이었을지 모른다.[4] 이것은 또한 엘리야가 왜 그의 시대에도 다윗의 영광을 재연하는 것이 가능하다고 믿었는지 그 전후 사정을 짐작케 한다.

그러나 엘리야 이후 이러한 이스라엘의 상황은 완전히 달라진다. 주전 841년 앗수르왕 살만에셀 3세Shalmanesser III가 내려와 아람을 짓밟았고 여기에 놀란 이스라엘 예후가 그에게 항복해서 조공을 바치게 된다.[5]

이스라엘의 주적主敵으로 이스라엘을 숱하게 괴롭히던 아람

---

4   카르카르(Qarqar)전투(주전853년)에서 아람을 위시한 12국가의 동맹군은 살만에셀 3세의 진군을 어느 정도 막아 낼 수 있었던 것으로 추정된다. 왜냐하면 살만에셀 3세의 앗수르는 이후에도 십여 년에 걸쳐 여러 차례 계속해서 동맹국들을 진압하기 위한 전투를 벌여야 했기 때문이다. John H. Walton, Victor H. Matthews, and Mark W. Chavalas, *The IVP Bible Background Commentary: Old Testament*,《IVP 성경배경주석: 구약》(서울: IVP, 2001), 548.

5   앞의 책, 1128. 선지자 아모스의 예언에 의하면 이러한 일은 아람의 죄악으로 말미암아 하나님께서 그들을 심판하신 것이다 (암 1:3-5).

살만에셀 3세에게 항복하는 이스라엘왕 예후

은 이후 앗수르의 세력에 눌려 쇠락하게 된다. 이것은 결과적으로 이스라엘이 그 아람의 압박에서 벗어나게 하는데, 바로 이러한 상황에서 가능했던 것이 여로보암 2세의 영토 확장이었다(주전 790년 이후).[6] 그런데 이것은 사실상 진정한 이스라엘의 중흥이 아니라 단지 일시적인 어부지리漁父之利에 지나지 않았다. 이후 채 백 년이 되지 않아 이스라엘은 결국 앗수르의 손에 멸망할 운명에 놓여 있었기 때문이다.

그런데 여기서 기억해야 할 것은 이스라엘이 그렇게 과거 솔로몬의 영토를 회복하리라 예언한 선지자가 바로 요나였다

---

6   "이스라엘의 하나님 여호와께서 그의 종 가드헤벨 아밋대의 아들 선지자 요나를 통하여 하신 말씀과 같이 여로보암이 이스라엘 영토를 회복하되 하맛 어귀에서부터 아라바 바다까지 하였으니"(왕하 14:25). 이러한 영토 확장이 가능했던 이유는 아람의 쇠퇴 때문만이 아니라 앗수르가 일시적으로 정복전쟁의 휴지기에 들어갔기 때문이라고도 볼 수 있다.

는 사실이다(왕하 14:25). 어쩌면 이때 요나 역시 당시 여느 이스라엘 사람들과 마찬가지로 정말 이스라엘이 중흥을 이루고 있다는 착각에 빠져 있었을지 모른다. 과연 그의 예언대로 여로보암 2세의 영토 확장이 이루어졌지만, 그것은 결코 진정한 이스라엘의 부흥도, 하나님의 심판이 이스라엘에서 거두어졌음을 의미하는 것도 아니었다.

이것을 동시대 남유다 출신 선지자인 아모스의 예언을 통해 알 수 있다. 예컨대 다음과 같은 아모스의 예언에서 그와 요나 사이의 분명한 시각차를 볼 수 있다.

사마리아의 산에 있는 바산의 암소들아 이 말을 들으라 너희는 힘 없는 자를 학대하며 가난한 자를 압제하며 가장에게 이르기를 술을 가져다가 우리로 마시게 하라 하는도다 주 여호와께서 자기의 거룩함을 두고 맹세하시되 때가 너희에게 이를지라 사람이 갈고리로 너희를 끌어 가며 낚시로 너희의 남은 자들도 그리하리라(암 4:1-2)

아모스는 남유다 사람이었기 때문에 보다 객관적으로 북이스라엘의 현실을 보고 있었다고 할 수 있다. 그는 당시 사마리아 부유층의 사치와 가난한 자들에 대한 학대를 지적하며 장차 그들에게 임할 하나님의 징벌을 가감 없이 경고하고 있다. 이로 말미암아 아모스는 북이스라엘 사람들에게 배척을 당하게 된다(암 7:10-13).[7]

요나 역시 하나님의 선지자였기에 이러한 이스라엘의 범죄와 임박한 심판에 대해 전혀 몰랐을 리 만무하다. 그러나 북이스라엘 사람인 그는 아마도 하나님께서 그런 심판을 거두어 주시고 다시 북이스라엘이 과거와 같은 영광을 회복하기를 바랐을 것이다. 그러나 안타깝게도 현실은 그런 기대대로 되지 않았다. 우상숭배와 교만, 사회적 불의 등으로 이스라엘은 더욱 하나님의 진노를 샀고, 그 결과 북방의 앗수르가 다시 내려와서 이스라엘을 바로 목전에서 위협하는 상황에 이른다.[8] 결국 요나도 이때즈음에는 그 자신의 바램과 다른 현실을 인정할 수밖에 없었을 것이다. 추측컨대 하나님에 대한 그의 원망과 분노가 정점에 이른 것이 바로 이 시점이었을 것이다.

---

7   "때에 벧엘의 제사장 아마샤가 이스라엘의 왕 여로보암에게 보내어 이르되 이스라엘 족속 중에 아모스가 왕을 모반하나니 그 모든 말을 이 땅이 견딜 수 없나이다 아모스가 말하기를 여로보암은 칼에 죽겠고 이스라엘은 반드시 사로잡혀 그 땅에서 떠나겠다 하나이다 아마샤가 또 아모스에게 이르되 선견자야 너는 유다 땅으로 도망하여 가서 거기에서나 떡을 먹으며 거기에서나 예언하고 다시는 벧엘에서 예언하지 말라 이는 왕의 성소요 나라의 궁궐임이니라"(암 7:10-13).

8   John H. Walton, Victor H. Matthews, and Mark W. Chavalas,《성경배경주석: 구약》, 571. 알리마(al-Rimah)비석에 의하면 주전 796년경 다시 서방정벌에 나선 앗수르왕 아닷니라리(Adad-nirari) 3세에 의해 아람은 패망하고 이스라엘은 다시 앗수르에 조공을 바치는 나라가 된다.

요나의 분노

요나서 4장 2절을 보면 요나가 왜 하나님의 얼굴을 피해 다
시스로 도망하려 했는지 그 이유를 스스로 진술하는 고백이 나
온다.

여호와께 기도하여 이르되 여호와여 내가 고국에 있을 때에 이러하
겠다고 말씀하지 아니하였나이까 그러므로 내가 빨리 다시스로 도
망하였사오니 주께서는 은혜로우시며 자비로우시며 노하기를 더디
하시며 인애가 크시사 뜻을 돌이켜 재앙을 내리지 아니하시는 하나
님이신 줄을 내가 알았음이니이다

이 고백을 보면 우선 놀라운 것은 그가 출애굽기 34장의 하
나님, 즉 "자비롭고 은혜롭고 노하기를 더디 하시는 하나님"이
비단 이스라엘에만 아니라 이방 앗수르에 대해서도 동일하신
하나님이라고 고백하고 있다는 사실이다. 이것은 그가 이스라
엘의 하나님이 이스라엘만 아니라 열방의 하나님이시기도 하다
는 것을 이미 알았다는 뜻으로, 그가 과거의 사람이 아니라 새 시
대의 사람임을 말해 주는 것이다. 과거의 사고방식을 가진 사람
은 출애굽기 34장의 하나님이 적국 앗수르에게도 동일하신 하
나님이라는 생각 자체를 하기 어렵다. 그러나 요나는 그렇지 않
았다. 그는 그 자비롭고 은혜로우신 하나님이 이스라엘만 아니

165

라 앗수르도 위하시는 하나님이신 줄 "알았다"고 말하고 있다. 그러나 그는 바로 그 사실 때문에 분개하고 있었다.

요나의 이러한 분개는 그의 안의 상대적 박탈감과 시기심에 기인한다고 볼 수 있다. 즉 그가 바라기는 이스라엘이 가졌으면 하는 부강함을 지금 앗수르가 가지고 있기 때문이다. 그는 이스라엘 사람으로서 당연히 앗수르가 아니라 이스라엘이 부강한 나라가 되기를 바랐다. 그런데 실상 눈앞에 벌어지는 현실은 이스라엘은 멸망을 눈앞에 둔 반면 이스라엘을 잔인하게 짓밟았던 앗수르는 계속 승승장구하고 있다. 긍정적 측면에서 요나의 분노는 이러한 부당한 현실에 대한 항의라고 할 수 있다. 그러나 다른 한편 자기가 못 가진 것을 남도 못 갖기를 바라는 심리, 즉 시기심에 기인한 것이라 볼 수 있다.

정신분석학자 멜라니 클라인Melanie Klein은 시기심(envy)을 단순한 질투심과 구별한다. 그녀에 의하면 시기심이 단순한 질투심과 다른 것은 그 안에 감춰져 있는 파괴성 때문이다.[9] 즉 단순한 질투심(jealousy)이 남이 가진 것을 자신도 가지려는 욕망이라면 시기심은 그것을 넘어 자신이 못 가진 그 대상 자체를 파괴해 버리려는 충동이다. 이런 클라인의 설명에 따르면 하나님의 자비에 대한 요나의 마음은 단순한 질투심을 넘어 시기심에 해당하는 것이라 볼 수 있다. 하나님을 향한 그의 분노에는 앗수르에 대한 증오만 아니라 그들의 죄를 사하시는 하나님에 대한 적

---

9   Stephen A. Mitchell and Margaret J. Black, *Freud and Beyond*, 이재훈, 이해리 공역,《프로이트 이후》(서울: 한국심리치료연구소, 2002), 182.

개심이 감춰져 있기 때문이다.

요나가 하나님의 얼굴을 피해 도망한 것은 그러한 자신의 적개심을 하나님에게서 숨기려는 행동이었다고 볼 수 있다. 또는 자신 안에 있는 그런 분노를 스스로 회피하려 한 것이라고도 말할 수 있다.

그러나 이러한 그의 시도는 결국 좌절되고 만다. 지중해 가운데서 배가 풍랑을 만났기 때문이다. 요나는 그런 상황에서도 마치 그런 현실을 외면하려는 듯 "배 밑층 선실에 내려가 누워 깊은 잠을 잔다"(욘 1:5). 로뎀나무 아래 엘리야의 잠과 마찬가지로 이렇게 잠을 자는 것은 우울증의 한 증상이다. 잠을 잠으로써 고통스러운 현실을 회피하려는 시도인 것이다. 또한 그만큼 마주한 현실이 고통스러웠음을 반증하기도 한다. 그러나 힘든 현실은 선실에 들어가 문을 잠그고 등을 돌리고 눈을 감아도 끈질기게 그의 의식에 침투해 괴롭히는 것이었다.

현대판 요나들

오늘날 우리 사회를 보면 지금까지 살펴본 요나, 특히 배 밑 선실에 내려가 잠을 자는 요나를 강하게 연상시키는 사람들이 있다. 그들은 '은둔형 외톨이'라고도 불리는 한국의 나홀로족들이다.

은둔형 외톨이의 특징은 "불확실한 사회에서 보호받고자 타인과의 접촉이나 교제에서 받는 스트레스를 거부하며, 외부 세상으로부터 도피하여 자신만의 안전한 공간에 머무르려고 하는 칩거증후군"이다.[10] 흥미롭게도 우리는 바로 이런 특징을 배 밑 선실에 내려가 잠이 든 요나에게서만 아니라 오늘날 자기만의 은신처에서 현실을 외면하고 사는 한국 젊은이들에게서도 볼 수 있다. 칩거증후군은 역시 이 책 서두에서 얘기한 '현실회피적 우울증'의 한 증상이기도 하다. 1장에서 이야기한 대로 한국 젊은이들의 우울증은 기성세대의 우울증과 차이가 있다.

이러한 차이점은 흥미롭게도 로뎀나무 아래 엘리야와 배 밑 선실에 내려간 요나의 차이점에 상응한다. 엘리야의 잠이 자신의 기대와 너무 다른 현실에 눈을 감는 행동이라면 요나의 잠은 현실이 자신들에게 전가한 책임과 부담을 회피하는 모습이다. 현재 한국의 젊은이들은 이처럼 기성사회가 그들에게 전가한

---

10 여인중,《은둔형 외톨이》(서울: 지혜문학, 2005), 28.

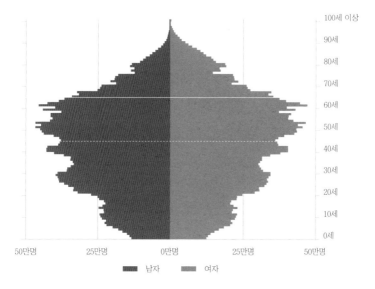

2020년 대한민국 연령별 인구분포도

책임과 부담을 외면하고 싶어 한다.

　그러면 이렇게 한국의 젊은이들이 외면하고 싶은 책임과 부
담이란 구체적으로 무엇인가? 우리나라 연령별 인구분포도를
보면, 위의 실선은 현재 65세의 은퇴연령을 나타낸다. 그리고 아
래의 점선은 20년 후의 은퇴연령이다. 이 실선과 점선 사이, 그
러니까 항아리 모양 인구분포도에서 위의 불룩한 부분을 차지
하는 세대가 바로 현재 45세에서 65세 사이 '베이비부머' 세대
이다. 그리고 이 항아리 하단부를 형성하고 있는 것이 2030세대
이다.

　이 도표에서 알 수 있는 것은 항아리 아래쪽의 2030세대, 즉
이제 막 사회에 진출한 청년세대가 느끼기에 그들보다 먼저 사

회에 진출해 윗자리를 점하고 있는 사람들이 너무나 많다는 사실이다. 그래서 그들에게는 이 사회에 그들이 비집고 올라설 자리가 없게 느껴진다. 뿐만 아니라 특히 위계질서가 강한 한국사회 특성상 그 윗세대의 '갑질'이 그들에게 극히 불만스러울 수밖에 없다. 결국 이 인구분포도에서 추론할 수 있는 것은 현재 한국 젊은이들이 회피하고 싶은 것이 바로 생산활동인구 하단부에 위치한 삶의 무게라는 것이다.

그러면 2030세대의 짐이 향후 20년 후 베이비부머 세대가 점선 위로 대거 퇴거하고 나면 사라지는가? 그렇지 않다. 그때부터 그 은퇴한 베이비부머 세대가 세계 어느 나라와도 비교할 수 없는 두꺼운 고령층을 형성하면서 국가적으로 그들을 부양할 책임이 지금의 2030세대에 전가될 것이기 때문이다. 현재 2030세대가 할 수 있다면 이 한국사회를 떠나고 싶은 이유가 바로 여기 있다. 현재 그들이 지고 있는 짐 외에 미래에조차 그들이 져야 할 책임과 의무가 싫은 것이다.

또한 갈수록 심화되는 양극화 현실 속에서 특별히 가난한 서민층 자녀가 지는 책임과 부담은 다른 그 누구의 짐과도 비교할 수 없다. 물론 부유한 집 자녀들도 나름의 책임과 부담이 있다. 그들이 바로 부모가 쌓은 부와 권력을 대를 이어 유지 관리해야 할 사람들이기 때문이다. 아마도 이들은 스스로의 인생을 살기보다 부모가 살아온 삶을 대신해야 한다는 부담 때문에 종종 현실에서 달아나고 싶을지 모른다.

그러나 그들의 부담과 일탈 충동은 역시 가난한 서민 자녀들과는 비교할 수 없다. 그들은 스스로 감당해야 할 버거운 현실의 짐 외에 부모가 전가한 가난의 대물림 때문에 숨이 막힌다. 현재의 취업난 때문에 힘들 뿐 아니라 부모의 실직이나 빚으로 더욱 큰 고통을 겪는다. 그래서 이들은 할 수만 있다면 이러한 '헬조선'을 벗어나고 싶다. 그러나 가난한 그들로서는 그렇게 할 방도조차 없다. 마치 요나가 타고 가던 배가 풍랑에 붙잡힌 것처럼 이 한국사회의 현실이 그들의 발목을 붙잡고 있기 때문이다.

다시스와 욜로

요나는 다시스로 가려고 욥바항에서 배를 탔다. 그런데 어떤 성경학자들은 요나가 가려고 한 다시스가 세상에 실재했던 곳이 아니라고 한다.[11] 그런데 다시스는 당시 실재했던 곳이 맞다. 요나가 살았던 주전 800년경 이베리아반도 남단에는 실제로 "타르테소스"Tartessos라는 이름의 항구도시가 있었다.[12] 그러나 문제는 당시 항해술로 지중해 반대편인 그곳에 실제로 가 본 사람은 이스라엘 중에 거의 없거나 있어도 극히 드물었으리라는 점이다. 따라서 요나를 비롯한 이스라엘 사람들이 꿈꾸었던 '다시스'는 전해 들은 과장된 이야기들을 짜깁기해서 그들 나름의 상상을 가미한 장소일 가능성이 크다. 그러므로 이러한 의미의 '다시스'는 현실에 실재하지 않는 곳이 맞다. 그곳은 가령 그가 풍랑을 만나지 않았다손 치더라도 결코 그가 현실적으로 갈 수 없는 곳이었다.

한국 젊은이들이 꿈꾸는 '다시스'도 이와 마찬가지인지 모른다. 그들이 꿈꾸는 '다시스'는 요나의 '다시스'와 마찬가지로 현실에 실재하는 어떤 나라나 장소의 이름일지 모른다. 그러나 현

11 Douglas Stuart, *Word Biblical Commentary Hosea-Jonah*, 김병하 옮김, 《호세아-요나:WBC 성경주석 31》(서울: 솔로몬, 2011), 791.

12 Isidore Singer and M. Seligsohn, "Tarshish", in Jewish Encyclopedia, https://jewishencyclopedia.com/articles/14254-tarshish, (2022년 1월 31일 접속).

실에 실재하는 그 나라나 장소는 그들이 꿈꾸고 있는 곳과는 다르다. 어쩌면 실제의 장소는 그곳 현지인들이 느끼기에 오히려 한국보다 더 살기 어려운 곳일지 모른다. 그러나 한국의 가난한 젊은이들은 역설적이게도 실제로 가 볼 수 없기에, 혹 가더라도 잠깐 방문자나 배낭여행객으로나 가 볼 수 있기 때문에, 여전히 그곳을 이상화하고 있는 것이다. 이보다 더 역설적인 사실은 그들이 가지 못하는 그 '다시스' 때문에 그들은 지금 한국사회를 더 견디기 어려워하고 있다는 점이다. 그래서 그들은 어떻게든 이 현실을 벗어나기 위해 요나처럼 비싼 비행기 삯을 치르거나 그조차 안 되면 다른 대체적인 은신처를 찾는다.

벗어날 수 없는 그들의 현실을 일시적으로나마 외면하려고 찾는 은신처가 예컨대 영화, 웹툰, 음악, 술, 맛집, 일박여행 같은 것들이다. 이런 그들만의 은신처를 찾아 즐기는 한국 청년들을 '혼족'(혼밥족, 혼술족, 혼영족…)이라 부르는데, 이런 '혼족'들의 모토라고 할 수 있는 것이 바로 '욜로'(YOLO: You Only Live Once)이다.

요나는 이스라엘 당시의 '혼족' 또는 '욜로족'이었다고 할 수 있다. 요나의 이런 욜로족으로서의 면모는 첫째 그가 그의 전소유를 팔아 마련했을 만한 돈을 일시에 '탕진'하면서 다시스행 배를 탔다는 점이다. 과연 "You Only Live Once"의 충실한 실천이 아닐 수 없다. 가히 이것은 현재 가진 것을 오늘 탕진해 버리고 내일은 죽으면 그만이라는 욜로족다운 라이프스타일이 아닐 수 없다.

또 요나의 욜로족다운 면모는 풍랑 속에서도 배 밑 선실에 내려가 잠을 자는 모습이다. 이것은 일종의 현실 회피로 한국의 욜로족들 역시 그들이 꿈꾼 다시스로의 길이 막히면 임시방편으로 그들만의 누에고치를 찾아든다.

이후에 요나가 앗수르의 수도 니느웨에 갔을 때도 여전히 이런 욜로족다운 면을 볼 수 있다. 그만의 개인 휴양지 "박넝쿨"을 발견하고 심히 기뻐하는 모습에서다(욘 4:6). 그는 이 박넝쿨 아래 그만의 조촐한 피서를 즐기면서 멀리 보이는 니느웨성이 과연 그의 기대대로 망하는지 않는지 관망하고 있다. 이런 그의 모습은 마치 오늘날 교회를 떠난 청년들이 매스컴이 보도하는 교회 상황을 강 건너 불 보듯 수수방관하는 모습을 연상케 한다. 그런데 그렇게 지내던 요나가 바로 그 이튿날 일어나 발견한 것은 니느웨성이 아니라 그가 그렇게 애호하던 박넝쿨이 말라 버린 것이었다. 요나는 이제 정말 머리끝까지 화가 나서 소리친다. "차라리 이렇게 사느니 죽는 것이 낫겠나이다"(욘 4:8).

추측컨대 요나는 고래뱃속에 사흘 동안 있으며 피부가 다 괴사됐기 때문에 그렇게 뜨거운 직사광선을 견디기 어려웠던 것일지 모른다. 또 이러한 그의 고통은 사흘 동안 고래뱃속에 있으며 경험했던 죽을 것 같던 고통을 떠오르게 하며 더욱 견디기 힘들었을지 모른다. 더구나 저 니느웨성 악인들은 무사한데 늘 자신만 이렇게 고통스러워해야 한다는 생각 때문에 더욱 분노로 들끓게 만들었을지 모른다. 하나님께서 이런 그의 분노를 지적하시자 그는 화가 나서 죽어버린다고 할지라도 정당한 일이라고 항변한다(욘 4:9).

세상을 향한 하나님의 사랑

요나서 끝부분을 보면 요나의 항변에 대해 하나님이 주신 답변이 나온다.

…네가 수고도 아니하였고 재배도 아니하였고 하룻밤에 났다가 하룻밤에 말라 버린 이 박넝쿨을 아꼈거든 하물며 이 큰 성읍 니느웨에는 좌우를 분변하지 못하는 자가 십이만여 명이요 가축도 많이 있나니 내가 어찌 아끼지 아니하겠느냐(욘 4: 10-11)

우리가 이러한 하나님의 답변에서 엿볼 수 있는 것은 바야흐로 막이 열린 선지시대에 하나님께서 열방을 향해 품으신 자비와 긍휼이다. 그리고 하나님께서 요나를 비롯한 당신의 종들을 통해 장차 이루고자 하시는 계획이 니느웨를 비롯한 열방의 구원이라는 것을 알 수 있다. 사실상 요나는 하나님의 구원계획에 따라 파송하신 첫 번째 공식적인 '열방의 선지자'였다. 그러나 그는 하나님의 소명을 거부했다. 앞에서 살펴보았듯 그의 안에 해결되지 않은 상대적 박탈감과 시기심 때문이었다. 그는 이스라엘 같은 약소국에게 그처럼 극악무도한 일을 행했던 앗수르가 하나님의 준엄한 심판을 받아 멸망하기를 바랐다. 그리고 반대로 자신의 나라 이스라엘은 과거 솔로몬의 영광을 되찾게 되기를 원했다. 이렇게 볼 때 요나 역시 엘리야와 마찬가지로 매우 이스라엘 중심적인 사람이었음을 알 수 있다. 그러나 결국 현실은 그의 기대대로 되지 않았다. 앗수르는 여전히 승승장구했고 이스라엘은 반대로 그 손에 멸망당할 운명에 처해 있었다. 요나는 그렇다면 차라리 죽는 게 낫겠다고 느껴질 만큼 부당한 현실을 참고 견디기 어려웠다.

이런 요나에게 하나님께서 주신 답변은 여전히 자기중심적이며 승리주의적인 그의 사고를 고쳐 주시려는 말씀이었다. 그것은 앗수르 같은 나라들에 대한 하나님의 계획이 멸망이 아니라 오히려 회개와 구원임을 가르치는 말씀이었다. 그리고 그 말씀 속에 감춰진 하나님의 뜻은 앗수르를 회개시킴으로 결과적으로 이스라엘도 구원을 얻도록 하시려는 뜻이었다. 그러나 아마도 승리주의적인 사고를 가진 요나로서는 이런 하나님의 의도를 이해하기 어려웠을 것이다. 그는 앗수르가 멸망해야만 이스라엘이 잘될 수 있다고 생각했다. 그런데 이런 요나가 예상할 수 없었던 그의 사역의 결과는 니느웨의 회개로 인해 비단 니느웨성에만 아니라 이스라엘에도 역시 평화가 임한 것이었다.

요나가 활동했던 주전 780년에서 770년 사이 앗수르의 왕은 살만에셀 4세Shalmaneser IV였다. 그런데 역사기록에 보면 이 왕은 무슨 이유에서인지 재임 중 선왕대로부터 계속해 오던 정복전쟁을 중단한다. 때문에 후대의 기록은 이 왕을 무능하고 유약한 왕으로 평가한다. 그렇지만 성경학자들은 사실 그가 바로 요나의 경고를 듣고 회개한 왕일 것이라고 추정한다.[13] 이 앗수르 왕이 전쟁을 멈추었기 때문에 당시 이스라엘은 결과적으로 일시적이나마 평화를 누릴 수 있었다. 뿐만 아니라 아마도 이 시기에 주어진 기회를 틈타 여로보암 2세가 하맛 어귀까지 영토를 확장할 수 있었을 것이다.[14] 요나는 하나님께서 앗수르에 대한 심판을 거두신 데 대해 그렇게 불같이 화를 냈지만 실상 이것은 하나만 보고 둘은 보지 못하는 반응이었다. 실상 그 자신이 예언한 이스라엘의 영토 확장이 그의 생각처럼 앗수르의 멸망이 아니라 앗수르의 회개로 말미암아 실현되었기 때문이다.[15]

돌이켜 보면 요나의 스승이었던 엘리사는 요나와 달리 하나님이 열방을 향해 품으신 뜻을 미리 헤아리고 있었던 것으로 추측된다. 이 점을 우리는 엘리사가 적장敵將 나아만을 대하는 태도에서 엿볼 수 있다(왕하 5장). 또한 그를 붙잡으러 온 아람 군대를 도리어 마실 것과 먹을 것을 주어 돌려보내는 데서도 볼 수 있다(왕하 6:22). 열왕기서는 이런 그의 행동의 결과 "이후로 아람 군대가 다시는 이스라엘 땅에 들어오지 못하였다"(왕하 6:23)고 전한다. 이로 보건대 엘리사는 아람 같은 적국에게 선을 베푸는 행위가 결국 이스라엘 자신에게도 선이 되어 돌아온다는 원리를 이미 알고 있었던 것으로 볼 수 있다.

사실 악인에게 선을 베풂으로 악을 이기라는 것은 예수님과

---

13 Bruce W. Gore, *Historical and Chronological Context of the Bible* (Bloomington, IN: Trafford Publishing, 2010), 4-23.

14 앞의 책.

15 열왕기하 14장 25절의 요나의 예언이 니느웨 체류 이전에 이루어졌을 것이라 본다면 요나는 이 니느웨 체류 시에까지도 그 자신이 한 예언이 어떻게 실현될 수 있으리라는 것을 모르고 있었다는 것이 된다. 만일 그렇다면 아마도 이전의 요나는 앗수르가 하나님의 심판을 받게 됨으로 이스라엘의 부흥이 이루어지리라고 잘못 생각하고 있었을 가능성이 크다. 이렇게 보면 왜 요나가 니느웨에 대한 하나님의 심판을 기대했는지 잘 이해할 수 있다.

신약성경 전체의 가르침이기도 하다. 그것은 또한 그리스도가 가신 길을 따르는 제자도라고 할 수 있다. 이로 보건대 엘리사 이후 선지시대에 이미 하나님께서는 그 종들로 하여금 예수 그리스도의 길을 먼저 걷게 하심으로 오실 그리스도의 길을 예비했다고도 해석할 수 있다. 나아만의 여종이나 다니엘처럼 이방에 포로로 잡혀간 하나님의 사람들은 그들의 주인을 저주하지 않고 오히려 선대함으로 하나님의 선하심을 그 이방 사람들에게까지 전했다. 사실상 요나 역시 바로 이와 같은 사명을 행하도록 부르심을 받은 사람이라 볼 수 있다. 그러나 그는 분노와 시기심 때문에 부르심에 바로 부응할 수 없었다.

고난, 소명으로 인도하는 특별선

오늘날 한국의 2030세대는 사실상 이미 세상의 종으로 살아가고 있다고 해도 과언이 아니다. 그들은 이미 시간제 아르바이트, 임시계약직, 저임금노동 등으로 종과 같은 삶을 살고 있다. '열정페이' '희망고문' 같은 말들이 바로 이런 현실을 대변하는 말들이다. 때문에 그들은 잠시만이라도 요나의 선실 같은 그들만의 공간으로 내려가 이런 고달픈 현실을 외면하고 싶어 한다.

그러나 잔인한 현실은 그들에게 그런 작은 은신처조차 허락하지 않을 때가 많다. 요나의 배를 흔드는 파도처럼, 박넝쿨을 갉아먹은 벌레처럼 세상은 그들의 작은 쉼에조차 인색하다. 현재 코로나 상황은 그들이 자주 가던 카페조차 문을 닫게 했다. 어쩔 수 없이 갇혀 지낼 수밖에 없어 좁은 방 안에 누에처럼 숨어 산다. 그들의 좁은 방은 지금까지 요나의 선실 같은 은신처였을지 모르나 코로나가 길어지면서 점차 "스올의 뱃속"처럼 숨막히는 곳이 되어 간다. 그곳이 숨막힌 이유는 단지 코로나 때문이 아닐 것이다. 취업난과 재정난, 미래에 대한 염려와 불안이 그들의 숨을 죄어 오기 때문이다. 이런 숨막힘 속에서 청년들은 정말 요나처럼 절규한다. "이렇게 사느니 차라리 죽는 것이 낫겠다"고…

크리스천 청년들의 상황 역시 여느 청년들과 다르지 않다. 다만 신앙을 가진 청년들은 이처럼 스스로에게 질문할 것이다. "이러한 상황을 허락하신 것이 하나님이시라면 나는 이에 어떻게 반응하며 살아야 할까?", "이 소박한 박넝쿨조차 거두어 가시는 하나님에게 요나처럼 차라리 죽겠다고 항변할 것인가? 아니면 갑판 위로 뛰쳐나와 자신을 바다에 던지라고 덤벼들 것인가?" 여기서 질문은 지금의 현실에서 그들이 바다에 자신을 던진다는 것이 구체적으로 무엇을 의미하는가 하는 것이다.

"나를 들어 바다에 던지라"(욘 1:12)는 요나의 말은 그 의미가 확실치 않다. 죽이려면 죽이라고 하나님께 맞서는 반항인지, 자포자기적인 투항인지, 아니면 이제껏 외면하던 하나님의 부르심에 비로소 응답하는 적극적 자세인지 보는 시각에 따라 달리 해석될 여지가 있다. 그런데 그것이 어떤 것이든 점점 더 분명한 점은 이제 요나가 바다에 던져지는 것이 거의 불가피한 상황이라는 것이다. 이와 마찬가지로 크리스천 청년들에게도 험난하고 불확실한 현실의 파도에 던져지는 것이 거의 불가피한 현실이 되었다. 다시 말해 그들의 삶이 깊은 "스올의 뱃속"(욘 2:2)에 빠져드는 것이 기정사실화되었다는 의미이다. 그 '스올의 뱃속'에서 이제 그들에게 남은 선택은 그 숨막히는 상황에서도 여전히 하나님을 외면할 것인지 아니면 요나가 그렇게 했던 것처럼 하나님이 계신 성전을 바라볼 것인지 하는 선택이다.

여느 한국 청년들과 마찬가지로 고통을 겪는 크리스천 청년들 중에 여전히 하나님을 외면하고 사는 이들이 많다는 사실을 최근 가나안 성도들의 급증에서 알 수 있다. 2018년 한국기독교목회협의회(한목협) 조사에 따르면 2012년까지 10퍼센트 남짓하던 교회불출석 성도 비율이 2017년 이후 23퍼센트를 넘어선 것으로 파악된다.[16] 그런데 더 큰 문제는 코로나 이후의 상황이다. 현재 코로나 상황에서 많은 청년들이 온라인예배조차 절반 이상 불출석하고 있다. 이런 현실을 고려할 때 코로나 상황이 종식되더라도 과연 그중 얼마가 다시 교회로 돌아올지 장담하기 어려운 실정이다. 이렇게 교회를 떠나고 있는 청년들이 이 땅에 많다는 것은 또한 이 사회 아래층에 잠자고 있는 크리스천 청년들 역시 많다는 것을 시사한다.

성경의 요나 이야기가 오늘날 한국의 '요나'들에게 주는 메시지는 그들이 정말 죽으려 하지 않는 한 언제까지나 그렇게 현실을 외면하고 살 수는 없다는 사실이다. 또한 크리스천인 그들이 언제까지 그렇게 자신의 정체성을 숨기고 하나님 얼굴을 피해 살 수도 없다. 점점 더 어려워지는 이 땅의 현실이 그들을 흔들어 깨우기 때문이다. "너의 정체성이 무엇이냐?" 교회가 아니라 세상이 그들에게 묻는다. 이제 그들은 이 현실을 더 이상 외면하지 말고 일어나 정면으로 그것을 마주해야 한다. 그리고 이 현실의 고통 가운데서 그들을 부르시는 하나님께 응답해야 할 것이다. 고통의 현실을 계속 외면하는 것보다 차라리 거기 몸을 던지는 편이 낫다. 실상 요나를 삼킨 고래뱃속처럼 오늘날 한국 청년들이 당한 고난의 현실은 그들을 소명의 땅으로 인도하는 하나님의 '특별선'特別船일 수 있기 때문이다.

예수께서 엠마오 마을로 가던 두 제자에게 하신 말씀처럼 고

---

16 한국기독교목회자협의회,《한국기독교 분석리포트: 2018 한국인의 종교생활과 의식조사 1998~2018》, 82.

난은 그 자체가 끝이 아니라 오히려 하나님의 목적을 이루는 과정이다.[17] 그것은 바로 그리스도께서 가신 길을 따르는 제자도이다. 그러면 그렇게 고난을 통해 부르시는 하나님께 응답한다는 것, 그리스도가 가신 그 길을 따라간다는 것이 청년들에게 무엇을 의미하는가? 첫째, 분노와 원망을 내려놓고 고난을 통해 이끄시는 하나님을 따르는 것이다. 이 시대에 진정 세상이 아니라 하나님을 따르는 길은 어떤 길인가? 아마도 그것은 오히려 낮은 데로 내려가는 길일 것이다. 하나님이 주신 멍에를 메고 티끌에 입을 대며 수욕으로 배를 불리는 삶일 것이다. 이러한 인내는 우리가 사람 앞에서가 아니라 하나님 앞에서 할 수 있는 것이다. 예레미야의 말씀처럼 비록 지금은 힘들게 하시지만 영영토록 그들을 버리지 아니하실 그 하나님을 바라볼 때만 그렇게 살아낼 수 있는 것이다.

또한 우리가 따라야 할 그리스도의 길은 우리를 힘들게 하는 이 세상을 저주하는 것이 아니라 도리어 축복하고 섬기는 길이다. 점점 더 양극화되는 사회현실 속에서 이른바 갑의 횡포는 어떤 모양으로든 계속될 수밖에 없다. 때문에 우리에게는 멸시받는 포로로서 바벨론왕궁의 수모를 이겨 낸 다니엘의 지혜와 신앙이 필요하다. 다니엘의 집무실이 그의 기도실이 되었던 것처럼 이제 교회만 아니라 일터가 우리의 예배장소가 되어야 한다. 또한 "무슨 일을 하든지 주께 하듯 하라"(골 3:23)는 말씀처럼 주

17　"그리스도가 이런 고난을 받고 자기의 영광에 들어가야 할 것이 아니냐 하시고"(눅 24:26).

어진 자리에서 주어진 일을 성실함으로 감당해야 할 것이다. 그
렇게 할 때 비록 당장 어려움이 있더라도 하나님께서는 마침내
당신이 예비하신 기업을 우리에게 맡겨 주실 것이다.

눈빛이 슬픈 이유

수년 전 내가 어느 한 교회청년부 수련회 강사로 갔을 때의 이야기이다. 앞서 이야기한 연령별 인구분포도를 토대로 한 내용을 당시 그 청년부 지체들에게 강의하고 있었다. 그러던 중 한 자매와 눈이 마주쳤는데 순간 나는 더 이상 말을 잇지 못하고 멈춰 섰다. 그 청년의 눈빛이 너무나도 슬퍼 보였기 때문이다. 왜 그렇게 눈이 슬퍼 보이느냐 물었더니 청년의 대답은 "현재도 이렇게 힘든데 앞으로도 우리 세대가 힘들 것이라고 하니 너무 슬프고 마음이 어렵다"는 것이었다. 나는 그때 그 마음이 너무 공감된 나머지 어떻게 말을 이어가야 할지 몰라 한동안 침묵할 수밖에 없었다. 수련회 강사로서 청년들에게 힘이 되어 주지는 못할망정 쉽게 던지는 말로 그들을 더 힘들게 만든 것은 아닌가 하는 자책감이 밀려왔다. 당시 내가 잠시 말을 잇지 못하다가 겨우 임기응변으로 할 수 있었던 말은 대략 다음과 같은 것이었다.

그렇습니다. 여러분이 지금도 힘들지만 앞으로도 아마 계속 힘들 것입니다. 그러나 그 힘듦은 결국 여러분을 강하게 만들 것입니다. 이제 앞으로 한국교회뿐 아니라 한국사회는 그러한 여러분의 강함을 필요로 합니다. 이 머리만 커다란 한국사회를 버텨내기 위해서라도 앞으로 허리이자 어깨가 될 여러분이 강하게 이겨 내기 바랍니다. 그 자리에서 그것을 견뎌 내는 것이 바로 여러분에게 하나님이 주신 사명이기 때문입니다.

이렇게 말하면서 나는 이런 말이 그들에게 위로가 되지 않는다는 것을 직감할 수밖에 없었다. 아마 이 책 자체가 역시 그럴 수밖에 없는 것처럼 말이다. 그러나 나는 그렇게 말할 수밖에 없었고 지금도 역시 그러하다.

점점 고령화되고 생산연령인구가 감소하는 현실 속에서 한국사회가 강건하게 유지되기 위해서는 지금 젊은 세대가 더욱 강해지지 않으면 안 된다. 하나님은 비단 한국교회만 아니라 한국사회를 위해서도 지금 그들을 고난 가운데 연단하고 계신다. 우리 교회는 이러한 하나님의 일에 동참하며 그 청년들을 하나님과 함께 섬기지 않으면 안 될 것이다. 엘리사의 공동체가 요나 같은 젊은 선지자를 배출했던 것처럼 한국교회가 그런 젊은 일꾼들을 양육하는 모체가 되지 않으면 안 될 것이다. 그들의 고난에 동참하며 그들의 반항과 갈등조차 끌어안으며 그들과 함께 이 광야의 길을 걷지 않으면 안 될 것이다. 엠마오 마을로 가는 제자들과 동행하신 예수님처럼 말이다.

7

절망하지

않는

세대

절망스럽지만 절망하지 않는 세대

선지자 예레미야가 한국교회 젊은이들과 유사한 점이 있다면 자신의 잘못과 상관없이 기울어진 시대의 짐을 어깨에 고스란히 짊어질 수밖에 없었다는 점이다. 이로 인해 예레미야는 본의 아니게 계속해서 임박한 심판에 대해 이야기할 수밖에 없었고, 사람들의 외면과 핍박을 받게 된다.

그런데 사람들의 외면과 핍박보다 예레미야가 더 힘들었던 것은 부정적 메시지를 전하기 전에 그 자신부터 그런 부정적 현실을 수용하지 않으면 안 되었다는 사실이다. 때문에 그는 늘 마음이 아프고 눈물이 마르지 않는 사람이었다. 역설적인 것은 그렇게 스스로 힘든 상황에 놓이는 것 자체가 그의 사명이었다는 점이다. 더 정확히 말하자면 그처럼 힘든 상황에서도 먼저 자신에게 주어진 말씀을 의지하여 그 절망을 딛고 일어서는 일이 그의 사명이자 메시지였다.

이 점은 예레미야와 동시대인인 다니엘 역시 마찬가지였다. 다니엘은 유다의 상류층 출신으로 앞길이 창창했어야 할 젊은 나이에 바벨론으로 사로잡혀 간 유다 포로들 중 한 사람이었다. 그렇게 잡혀간 바벨론의 왕궁에서 환관후보생으로서 거세를 당하고 이름조차 이방신의 이름으로 바뀌어야 했던 그들의 삶은 이미 그 청년기부터 절망적이었다. 다니엘의 이야기는 그가 어떻게 이런 절망을 이겨 내고 미래를 내다보는 삶을 살았는지 보여 주는 이야기이다.

이러한 예레미야와 다니엘의 현실이 한국 성도들의 현실과 유사점이 있다면 이 두 사람의 삶을 거울로 삼아 우리가 나아갈 바를 모색해 볼 수 있을 것이다. 본 장에서는 그중 먼저 남유다 왕국의 마지막 선지자였던 예레미야의 삶과 사역을 조명해 보려 한다.

왕국 말기의 시대 상황

주지하듯 예레미야의 시대는 북이스라엘에 이어 남유다 역시 패망을 눈앞에 둔 시대였다. 우리가 생각하기에 당시는 그런 시대였기에 그러한 나라의 운명이 사람들 눈에 잘 보였을 것 같지만 실상은 그 반대였다. 당시 유다 사람들은 혼란한 국내외정세 속에서 어찌할 바를 몰라 갈팡질팡하고 있었다. 이것을 비슷한 상황이었던 우리나라 구한말舊韓末의 상황과 비교해 보면 보다 쉽게 이해할 수 있다. 20세기 초 우리나라 지도자들은 수구파와 개혁파로, 개혁파는 다시 급진파와 온건파로 나뉘었고, 또 대외적으로는 친중파, 친러파, 친일파 등 여러 분파로 갈라져 서로 갈등하고 있었다. 예레미야 시대 유다 사람들도 이와 흡사했다. 당시 유다 사람들은 종교적으로 여호와와 바알 등 여러 신을 섬기는 분파로 나뉘어 있었을 뿐 아니라 정치적으로도 친애굽파, 친바벨론파 등 여러 파당으로 나뉘어 서로 갈등하고 있었다.

이러한 유다 말기의 혼란상이 우리에게 한편으로 이해가 되는 이유는 당시 국제상황이 참으로 한 치 앞을 내다볼 수 없는 혼란 상황이었기 때문이다. 얼마 전까지 세계를 재패했던 앗수르가 채 1세기도 지나지 않아 심각한 내홍을 겪으며 신흥 바벨론에 의해 멸망당할 위기에 처해 있었다. 애굽의 느고 2세Necho II는 이러한 틈을 타 앗수르를 지원한다는 명목하에 군대를 이끌고 팔레스타인 지역으로 올라왔다(주전 609년). 이러한 느고 2세의 진군을 막아선 것이 바로 유다의 요시야 왕이었다(왕하 23:29; 대하 35:20-27).

요시야가 왜 느고에게 맞섰는지 그 이유는 분명치 않다. 아마도 요시야는 애굽 세력이 근동지역에까지 더 확장되는 것을 견제하려 한 듯하다. 이것은 역으로 요시야가 아직 신흥 바벨론의 위협을 충분히 인식하지 못하고 있었다는 점을 반증하기도 한다. 좀 더 추정해 보자면 아마도 요시야는 당시 그 지역에서 유다가 독립국으로서 위상을 계속 유지해 갈 수 있을 뿐 아니라 그 세력을 더욱 확장시켜 나갈 수 있다고 믿었던 듯하다. 아마도 요시야는 당시 유다가 다시 솔로몬의 때와 같은 영광을 되찾을 수 있다고 믿었던 것인지 모른다. 이것이 맞다면 아마도 그가 그렇게 믿은 이유 중 하나는 그의 증조부 히스기야 때 근동의 여러 나라들 중에서 앗수르의 침공을 버텨 낸 나라가 오직 유다뿐이었다는 자부심이었을 것이다. 물론 이런 그의 자부심은 그의 여호와 신앙에 기초한 것이기도 했다.

이런 요시야의 신앙은 열왕기서의 칭송을 받는 것이지만(왕하 22:2), 우리는 이런 요시야의 신앙적 판단력에 대해 의문을 던져 볼 수 있다. 그것은 곧 그의 신앙이 과연 열왕기서의 평가대로 "올곧은" 것이었을지 모르나 동시에 너무 순진한 것이 아니었을까 하는 물음이다. 그래서 그러한 순진함이 그로 하여금 무모하게 애굽을 맞서게 했고 결국 그를 헛된 죽음에 이르도록 한 것이 아닌가 하는 물음이다.

이러한 물음은 그러나 조심스럽게 던져야 한다. 왜냐하면 자칫 이스라엘의 하나님이 능히 그의 백성을 그 대적에게서 구원하실 "천하 만국에 유일하신 하나님"(왕하 19:15)이라는 히스기야의 믿음까지 부정하는 것이 될 수 있기 때문이다. 그런데 우리가 이러한 히스기야의 믿음, 또 아마도 그 후손인 요시야가 계승했던 이 믿음을 요시야 이후 예레미야가 했던 예언과 비교해 보면 어떤가? 과연 그중 어떤 것을 믿는 것이 옳은 믿음인지 당시 사람들로서도 쉽게 판단하기 어려웠으리라는 것을 이해하게 된다. 즉 하나님께서 그들을 바벨론왕의 손에 넘기시리라는 예레미야의 예언이 당시 그들에게 얼마나 수용하기 어려운 말씀이었다는 것을 이해하게 된다. 당시 유다 사람들에게는 바벨론왕에게 항복하라고 하는 예레미야가 거짓선지자로 보이고 그의 대적들이 오히려 참된 신앙인으로 보였다고 해도 하등 이상할 것이 없을 정도이다. 그러면 과연 왜 하나님 말씀은 전과 후가 이렇게 달라진 것일까?

혼합주의와 인본주의

하나님께서 유다를 바벨론에 넘기신 이유는 물론 유다의 범죄 때문이었다. 이렇게 그들을 멸망에 이르게 한 유다의 범죄가 어떤 것이었는지 예레미야서에서 크게 두 가지를 찾아볼 수 있다.

첫째, 하나님께서 유다를 바벨론에 넘기신 이유는 그들이 하나님 외에 다른 신을 섬겼기 때문이다.[1] 이러한 예레미야의 예언은 요시야 때 성전을 수리하던 중 발견된 책이라고 하는 신명기서의 다음 같은 경고와 일치하는 것이었다.

네가 만일 네 하나님 여호와를 잊어버리고 다른 신들을 따라 그들을
섬기며 그들에게 절하면 내가 너희에게 증거하노니 너희가 반드시
멸망할 것이라(신 8:19)[2]

---

1   "너희는 다른 신을 따라다니며 섬기거나 경배하지 말며 너희 손으로 만든 것으로
써 나의 노여움을 일으키지 말라 그리하면 내가 너희를 해하지 아니하리라 하였으
나 너희가 내 말을 순종하지 아니하고 너희 손으로 만든 것으로써 나의 노여움을
일으켜 스스로 해하였느니라 여호와의 말씀이니라"(렘 25:6-7).

2   요시야왕 때 여선지자 훌다는 이 말씀에 대해 요시야왕을 비롯한 유다 백성들에게
다음과 같이 해석함으로 그들에게 다시 경고했다. "여호와의 말씀이 내가 이곳과
그 주민에게 재앙을 내리되 곧 유다 왕이 읽은 책의 모든 말대로 하리니 이는 이 백
성이 나를 버리고 다른 신에게 분향하며 그들의 손의 모든 행위로 나를 격노하게
하였음이라 그러므로 내가 이 곳을 향하여 내린 진노가 꺼지지 아니하리라 하라 하
셨느니라"(왕하 22:16-17).

당시 요시야왕은 이 경고에 따라 유다에서 우상을 척결하고자 노력했다. 그러나 이후의 기록은 이러한 요시야의 노력이 결국 충분히 성공적이지 못했음을 말해 준다.

유다 말기의 종교 상황을 보면 우선 당시 유다 사람들의 신앙이 다분히 혼합주의적이었다는 것을 알 수 있다. 대표적으로 이것을 히스기야의 부왕인 아하스에게서 볼 수 있는데, 아하스는 앗수르왕을 만나러 다메섹에 갔다가 그곳 제단을 보고 마음에 든 나머지 그 식양대로 제단을 만들게 해서 성전 한가운데 세우게 했다(왕하 16:10-11). 예레미야 시대에도 이와 마찬가지로 사람들이 "여호와의 이름으로 일컫는 집에 자기들의 가증한 물건들을 세웠다"(렘 32:34-35)고 예레미야는 이야기한다. 이것은 유다 사람들이 자신의 좋을 대로 여호와 하나님과 이방신들을 동시에 섬겼다는 의미이다.

유다 사람들이 이렇게 여호와와 다른 신을 함께 섬긴 것은 하나님의 복과 그 다른 신들이 주는 복을 함께 받기 위해서였다. 이러한 혼합주의적 기복신앙의 밑바탕에 하나님의 말씀보다 자신을 앞세우는 인본주의적 태도가 있음을 알 수 있다.

당시 사람들이 자신의 경험과 판단에 따라 그들의 신을 선택했다는 것을 우리는 애굽으로 도피한 유다인들이 예레미야에게 하는 다음 같은 말에서도 엿볼 수 있다.

네가 여호와의 이름으로 우리에게 하는 말을 우리가 듣지 아니하고 우리 입에서 낸 모든 말을 반드시 실행하여 우리가 본래 하던 것 곧 우리와 우리 선조와 우리 왕들과 우리 고관들이 유다 성읍들과 예루살렘 거리에서 하던 대로 하늘의 여왕에게 분향하고 그 앞에 전제를 드리리라 그 때에는 우리가 먹을 것이 풍부하며 복을 받고 재난을 당하지 아니하였더니 우리가 하늘의 여왕에게 분향하고 그 앞에 전제 드리던 것을 폐한 후부터는 모든 것이 궁핍하고 칼과 기근에 멸망을 당하였느니라(렘 44:16-18)

당시 이러한 기복적이고 경험주의적 태도는 비단 하늘 여왕을 섬기는 이교도적 신앙에서만 아니라 여호와를 섬기는 여호와 신앙에서도 마찬가지로 나타난다. 당시 유다 사람들이 여러 이방신을 섬기면서 동시에 여호와 하나님도 버리지 않았던 이유는 여호와가 그들을 앗수르의 위협에서 지켜 준 신이었기 때문이다. 여기서 우리는 어떻게 당시 성전 뜰에 여호와의 제단이 우상의 제단과 나란히 놓일 수 있었는지 그 이유를 알 수 있다. 유다 사람들은 여호와 하나님을 그들에게 오직 하나이신 하나님이 아니라 그저 자신의 안위를 지켜 주는 수호신의 하나처럼 섬겼던 것이다.

기복적인 국가종교

당시 유다에는 민간의 우상숭배만 아니라 예루살렘의 성전 제사조차도 인본주의적이고 기복적인 특징을 갖고 있었다. 이 점은 예레미야가 당시 예루살렘 종교지도자들에 대해 지적하는 말에서 엿볼 수 있다.

그들이 딸 내 백성의 상처를 가볍게 여기면서 말하기를 평강하다 평강하다 하나 평강이 없도다(렘 8:11)

이것은 당시 예루살렘 종교지도자들이 당장 사람들 듣기에 좋은 것만을 여호와의 이름으로 말하고 있었다는 뜻이다.

이러한 거짓 예언은 당시 예레미야가 전하는 하나님 말씀과 정면으로 충돌하는 것일 수밖에 없었다. 이러한 충돌은 예레미야가 성전에 서서 임박한 심판에 대해 예언했을 때 가장 첨예하게 나타났다. 당시 성전총감독이었던 제사장 바스홀은 그렇게 말하는 예레미야를 때리고 나무 고랑을 씌워 감금했다(렘 20:2). 왜 바스홀은 예레미야의 말에 이렇게 민감하게 반응했을까? 그 전후 사정을 시드기야왕의 청탁으로 그가 예레미야에게 하는 다음과 같은 말에서 엿볼 수 있다.

바벨론의 느부갓네살 왕이 우리를 치니 청컨대 너는 우리를 위하여

여호와께 간구하라 여호와께서 혹시 그의 모든 기적으로 우리를 도
와 행하시면 그가 우리를 떠나리라(렘 21:2)

요컨대 이 말은 예레미야 너도 자꾸 불길한 예언을 하지 말고
우리와 같이 왕과 백성의 안녕을 빌라는 뜻이다. 여기서 당시 왕
을 위시한 유다 사람들의 절박한 바람이 바벨론의 위협에서 벗
어나는 것이었다는 점을 알 수 있다. 또한 당시 바스훌 같은 예
루살렘 종교지도자들의 역할이 바로 왕과 백성의 이 같은 염원
에 부응하는 종교인의 역할이었다는 것을 알 수 있다. 이것은 곧
그들이 과거 아합왕의 선지자들이나 다를 바 없이 왕과 국가의
복을 비는 국가사제단이었다는 의미이다. 이것은 여호와 신앙
의 국가주의적 기복신앙화라고 볼 수 있는 현상으로 이러한 현
상에 대해 일찍이 구약신학자 루이스 패턴Lewis B. Paton은 다음
과 같이 설명했다.

이것은 모든 전통의 권위를 장착한 정통적인 국가종교의 모습이었
다. 이러한 종교인들은 여호와를 이스라엘의 국가신으로 섬겼다. 그
들은 하나님을 마치 그들과 혈연적으로 연결된 수호신처럼 섬겼던
것이다. 이런 그들과 그들의 하나님 사이는 종교적 언약으로 맺어져
있었는데 그 언약의 내용은 그들이 그 하나님에게 적정한 제물을 바
치는 댓가로 그 하나님이 그들의 수호자가 된다는 것이었다.[3]

3   Lewis B. Paton, "The Religion of Judah from Josiah to Ezra", 410.

이와 같은 국가종교는 묘하게도 정통적 여호와 신앙의 외양을 가지면서 동시에 왜곡되어 있다. 이러한 왜곡은 여호와 신앙을 바알숭배 같은 우상숭배와 본질적으로 동일한 것으로 만든다. 이런 신앙의 특징은 곧 여호와가 "국가적 수호신이 되며 그를 섬기는 종교행위가 윤리적이기보다는 제의적이라는" 점이다.[4]

예레미야 시대의 국가종교가 윤리적이지 못했다는 것은 그들의 행위가 도덕적이지 못했다는 것보다 하나님의 말씀을 그들이 기호대로 취사선택했다는 데 문제의 본질이 있다. 특별히 그들 종교지도자들이 그들의 기호에 맞지 않기 때문에 버렸던 하나님 말씀은 유다 사회에서 "탈취당한 자를 그 압박자의 손에서 건지라"(렘 21:12)는 말씀이었다. 즉 사회적 정의의 요구를 그들이 선별적으로 저버렸던 것이다. 예레미야는 바로 이 때문에 하나님께서 그들을 바벨론의 손에 넘기신 것이라고 말한다(렘 21:10-12).

유다의 종교지도자들이 사회적 정의의 요구에 불응했던 이유는 그들의 기반이 예루살렘의 기득권층이었기 때문이다. 이것은 곧 그들이 외견상 여호와를 섬기지만 사실상 그들의 종교활동이 자신을 후원하는 사람들의 기득권을 옹호하고 그들의 요구에 부응하는 데 맞춰져 있었다는 뜻이다. 성전의 제사장들의 주된 업무는 그들의 후견인들을 위해 제사를 드리는 일이었다. 하나님께서는 이미 이사야 때부터 이러한 '제사'가 당신 보

---

4 앞의 논문.

시기에 역겨운 것이라고 거듭 말씀해 오셨다. 이사야에 의하면 하나님은 그들이 드리는 "수송아지나 어린 양이나 숫염소의 피를 기뻐하지 아니한다"(사 1:11)고 말씀하신다. 또 "내가 눈을 가리고 너희가 많이 기도할지라도 내가 듣지 않겠다"(사 1:15)고도 말씀하신다. 그런 제사보다 오히려 너희는 "정의를 구하며 학대받는 자를 도와주며 고아를 위하여 신원하며 과부를 위하여 변호하라"(사 1:17)고 말씀하신다. 그러나 예레미야가 지적하듯 하나님께서는 끊임없이 선지자들을 통해 그렇게 말씀해 오셨으나 그들은 그 말씀에 귀를 기울이지 않았다. 왜냐하면 그들의 종교는 여호와와 세상을 위하기보다 기본적으로 그들 자신과 후견인들을 위한 종교였기 때문이다.

199

자유주의 신학과 뉴 라이트

다시 우리 시대로 돌아와 오늘 한국교회의 상황을 예레미야 시대의 모습에 비춰 본다면 어떠할까?

먼저 유다의 혼합주의 신앙을 오늘날 유행하는 다원주의나 자유주의 신앙에 비교해 본다면 아직까지 한국교회에 그런 풍조가 적어도 미국만큼 팽배하지는 않다는 점을 말할 수 있다. 그러나 실상 한국교회에도 점차 자유주의 신학과 다원주의 풍조가 본격화되고 있다.

한국교회에도 자유주의 신학과 다원주의 풍조가 본격화되고 있다고 볼 수 있는 이유는 무엇보다 정통교단신학과 교권주의가 쇠퇴하고 있기 때문이다. 오늘날 사람들의 눈에는 세상의 여러 학문과 사상들이 교회의 가르침보다 더 우월해 보일 때가 많다. 이것은 마치 유다 말기의 사람들 눈에 이방종교가 여호와 신앙보다 더 선진하거나 우월해 보였던 것과 유사한 상황이다.

그런데 자유주의와 다원주의의 함정은 하나님에 대한 판단기준이 사람들 자신에게 있다는 점이다. 즉 자신이 믿는 하나님을 자신의 경험이나 생각에 따라 취사선택하거나 재단하는 것이다. 혹자는 차라리 이런 신학이 단순히 교권적 해석에 일방적으로 의존하는 신앙보다 낫다고 생각할지 모른다. 일면 이런 생각에는 타당한 점도 없지 않다. 그러나 이러한 생각에는 동시에 결정적인 함정이 있다. 하나님은 결코 우리의 경험이나 판단에 따라 좌우되는 분이 아니시기 때문이다.

물론 하나님이 어떤 분이신지 알려면 우리의 경험과 이성을 활용하지 않으면 안 된다. 그러나 동시에 자신 너머에 계신 그분을 알기 위해 우리 자신의 생각을 내려놓지 않으면 안 된다.

사실 자유주의 신학의 문제는 정통교단신학에서 벗어났다는 데 있지 않다. 왜냐하면 정통교단신학 역시 자유주의신학과 동일한 문제를 가질 수 있기 때문이다. 정통교단신학 역시 교권의 이름으로 인간이 하나님 자리에 앉아 하나님을 재단하는 신학일 수 있다. 이런 문제를 자유주의 신학과 교단신학이 동일하게 가지고 있다는 것은 생각보다 둘 사이가 그리 멀지 않을 수 있다는 것을 의미한다.

그런데 인간이 하나님의 자리에 앉는 이 문제는 비단 신학만 아니라 우리 신앙 자체의 문제일 수 있다. 우리는 예레미야 시대 혼합주의 신앙이 정통신앙과 묘하게 공존했다는 사실에 주목할 필요가 있다. 이것은 인간이 하나님 요구에 따르기보다 하나님을 인간의 요구에 맞추는 신앙이라는 점에서 양자가 일치했기 때문이다. 오늘날 우리의 신앙 역시 진보, 보수를 가릴 것 없이 동일하게 이러한 문제를 내포한 것일 수 있다.

이런 의미에서 또 한 가지 우리가 거울로 삼아야 할 것이 유다 말기의 기복적인 국가종교이다. 우리가 속한 한국개신교회는 국가종교도 아니고 자민족중심주의도 아니기 때문에 이런 문제와는 무관하다고 생각할 수 있다. 그러나 실상은 그렇지 않다. 왜냐하면 오늘날 한국개신교는 기득권을 옹호하는 종교라는 지탄을 받고 있으며, 또한 교회 밖을 외면하는 자기중심적 종교라는 혐의를 벗지 못하고 있기 때문이다.

먼저 한국개신교가 기득권층을 옹호하는 종교라는 지적에 대해서는 충분히 반론도 가능하다. 한국개신교 전통에는 분명 진보신학과 진보운동도 있었기 때문이다. 그러나 공산주의의 박해를 피해 월남해 온 월남기독교인들이 한국교회를 이끌면서 한국교회 주류가 친보수화했다는 지적에는 분명 일리가 없지 않다.[5] 특히 최근 미국 등에서 일어나는 현상과 발맞추어 한국에서도 소위 '뉴 라이트'new right와 개신교회가 서로 접근하며 "극우 개신교가 기독교를 과잉대표하게 되었다"는 지적 역시 마냥 부정할 수만은 없는 사실이다.[6]

그러나 현실을 지적하고 비판함에 있어 유념해야 할 것은 그렇게 교회를 비판하는 우리 자신은 어디에 서 있는가 하는 점이다. 마치 요나가 니느웨성 밖에 앉아 그 성민을 정죄하던 것처럼 교회 밖에서 교회를 손가락질하는 것은 사실 쉬운 일이다. 그러나 이때 하나님께서 니느웨성이 아니라 요나의 박넝쿨을 먼저 멸하셨다는 사실을 기억해야 한다. 우리는 스스로가 한국교회가 아닌 것처럼 한국교회를 비판하면서 정작 스스로는 요나처럼 하나님을 저버리는 삶을 살고 있지 않은가?

한편 예레미야는 요나와 달랐다. 예레미야는 자기 자신이 유

5   "서북 지역의 기독교 지도자 대부분이 공산당에 체포, 구속되거나 죽임을 당했는데, 이러한 상황 속에서 월남한 서북 지역 기독교인들은 피난민 교회, 특히 한경직의 영락교회를 거점으로 삼아 월남한 목사를 중심으로 강한 연대를 구축하기 시작했다." 윤정란, 《한국전쟁과 기독교》, 66.

6   기독교윤리실천운동, 〈대화모임: 극우 개신교는 어떻게 기독교를 과잉대표하게 되었는가?〉, 2021. 5. 25, 24, https://cemk.org/resource/21584/

다 사람이라는 사실을 결코 잊지 않았다. 또한 조국의 운명이 곧 자신의 운명이라는 사실도 잊지 않았다. 그래서 그는 많은 박해에도 불구하고 끝까지 왕과 백성들 앞에서 하나님의 이름으로 직언하기를 마다하지 않았던 것이다. 그리고 결국 유다가 패망한 이후에도 사람들이 오해한 것처럼 바벨론의 수혜자가 되기보다 그저 망국의 백성으로서 그 땅의 남은 백성과 함께하는 길을 택했다(렘 40:4).

오늘 우리도 이런 예레미야의 길을 따라야 한다면 구체적으로 어떤 길인가? 먼저 이 시대의 영적 난민들과 함께하는 길이다. 좌나 우 어느 편에 서는 것이 아니라 "오직 정의를 행하며 인자를 사랑하며 겸손하게 하나님과 동행하는"(미 6:8) 길이다. 그리고 또한 그 길은 예레미야처럼 불익을 두려워하지 않고 한국교회와 사회 앞에서 하나님의 공의에 대해 당당히 말하는 길이다.

오늘날 한국개신교가 받는 혐의 중 하나는 교회의 공적 책임을 다하지 않고 자기의 이익만을 추구하고 있다는 혐의이다. 사실상 개신교가 한국에서 사회봉사를 가장 적극적으로 하는 종교인데도 불구하고[7] 여전히 이런 혐의를 받는 것은 실상 억울한 측면이 없지 않다. 그러나 우리는 이것을 역으로 한국교회를 향한 사회적 기대가 그만큼 크다는 의미로 해석해야 할 것이다. 이 점은 목회데이터연구소의 "2021 한국 교회에 대한 국민 인식"

---

7 박민균 기자, "한국 개신교, 사회봉사에 가장 적극적이다", 〈기독신문〉, 2017. 12. 6, https://www.kidok.com/news/articleView.html?idxno=106771

조사가 뒷받침하는 바이기도 하다. 이 조사에 따르면 응답자들 대다수가 "향후 한국교회가 집중해야 할" 일로 "자기 교회 중심주의를 벗어나" "지역사회와 한국사회 전체를 섬기는 공적 역할"을 다하는 것을 꼽았다.[8]

한편 기독교윤리실천운동의 "2020년 한국교회의 사회적 신뢰도 여론조사" 역시 동일한 결과를 보여 준다. 이 조사에서 응답자들이 기독교인(개신교인)들이 개선해야 할 문제점으로 지적한 상위 세 개 항목이 "남에 대한 배려 부족"(26.6퍼센트), "정직하지 못함"(23.7퍼센트), "배타성"(22.7퍼센트)이다.[9] 여기서 한국개신교인들이 자기중심적이고 위선적이며 배타적이라는 사회적 인식을 읽을 수 있다. 이런 인식이 과연 타당한지 따지려 들기 전에 먼저 스스로 물어야 할 질문은 이런 것이다. 정말 우리의 신앙이 하나님을 단지 수호신으로 삼는 자기중심적 기복신앙이 아니라고 할 수 있는가? 예레미야 때의 이러한 신앙은 결국 패망에 이르렀다. 이는 세상을 향한 하나님의 부르심을 그것이 저버렸기 때문이다.

만일 한국교회가 장차 '망한다'고 하면 그것은 무엇을 의미하는가? 흔히 새로운 교인들이 오지 않아 교회가 문을 닫게 되는 것을 의미한다고 볼 수 있지만 문제의 본질은 이것이 아니다. 진정한 문제는 교회가 세상의 빛과 소금으로서 빛과 맛을 잃어버리는 것이다. 즉 사회적 영향력과 신뢰의 상실이 한국교

---

8   목회데이터연구소, 〈numbers〉 제82호, 6.

9   기독교윤리실천운동, "2020년 한국교회의 사회적 신뢰도 여론조사", 34.

회의 진정한 위기이다. 이미 한국사회는 이 점에 관해 교회에 경고신호를 보내고 있다. 우리는 이 신호를 단지 세상의 편견으로만 여길 것이 아니라 하나님이 보내시는 경고의 메시지로 받아들여야 할 것이다. 마치 예레미야 시대에 바벨론의 병거와 말굽 소리를 유다 사람들이 마땅히 그렇게 알아들었어야 했던 것처럼 말이다.

현실 부정과 현실 회피

하나님께서 유다를 심판하시리라는 예레미야의 예언을 낭독했을 때 유다왕 여호야김은 그것이 기록된 파피루스 두루마리를 칼로 베어서 화롯불에 던져 버렸다. 그리고 예레미야와 그의 필사자인 바룩을 잡아오라고 명령했다(렘 36:21-26). 이러한 반응은 이후 시드기야왕과 그의 신하들에 의해서도 반복된다. 그들은 하나님께서 유다를 바벨론에 넘기시리라고 계속 예언하는 예레미야를 감옥 구석의 진흙 구덩이에 던져 넣었다(렘 38:6). 이런 행동은 현실을 현실 그대로 말하는 사람을 눈앞에서 제거함으로 그 현실을 부정하는 행동이었다.

오늘날 한국교회에도 이 같은 일들이 일어나고 있다고 할 수 있을까? 확실한 입증은 어렵지만 그렇다고 의심할 만한 정황이 발견된다. 그중 하나가 바로 수많은 교회분쟁사태이다. 지난 2011년 "교회갱신을 위한 목회자협의회"에서 전前 대법관 김상원 장로는 우리나라 "전체 민사소송 사건의 약 18퍼센트가 교회 또는 교인 관련 사건"이라 밝혔다.[10] 도대체 무엇 때문에 한국교회에는 이렇게 많은 분쟁이 일어나고 그것이 세상 법정으로까지 비화되고 있는 것일까? 최근(2019년) 교회문제상담소에 의뢰

---

10 김성원 기자, "교회분쟁의 해법은?" 〈국민일보〉, 2011. 8. 23, http://news.kmib. co.kr/article/view.asp?arcid=0005281533&code=61221111

된 사건들을 분석한 바에 따르면 대다수의 교회 분쟁은 교회 안에서 힘을 가진 특정인(집단)이 인사, 행정, 재정 전횡을 일삼는 데서 비롯됐다.[11] 교회 안에서 힘을 지닌 특정인이란 역시 많은 경우 담임목사(58퍼센트)나 원로목사(7퍼센트), 장로(7퍼센트) 등이다.[12] 결국 이것은 교회 안에서 가진 힘을 이용해서 자신의 견해나 목적에 반대한다고 생각되는 사람들을 제척하거나 불이익을 받게 하는 것이 그 원인이라는 의미이다. 물론 그중에는 표면적인 피해자가 실상 가해자인 경우도 많을 것이다. 그러나 어찌됐든 이 통계 결과가 시사하는 바는 교회를 힘으로라도 자신의 뜻대로 만들려는 사람들이 한국교회 안에 많다는 사실이다.

그런데 중요한 점은 설령 교회를 자기 뜻대로 만든다 할지라도 현실 자체가 그렇게 바뀌는 것은 아니라는 사실이다. 지역교회는 현실 전체가 아니라 현실의 아주 작은 일부분일 뿐이다. 그런데 그런 지역교회를 자기 뜻대로 만들면 현실이 바뀐다고 생각하는 것은 손바닥으로 하늘을 가리려는 행동에 지나지 않는다. 즉 현실 부정에 지나지 않는다. 이것은 마치 시드기야왕이 예레미야의 입을 막음으로 임박한 심판을 부정하려 했던 것이나 다를 바 없는 행동이다.

---

11 그 유형이 "재정전횡(18%), 인사 및 행정전횡(16%), 교회 운영(15%), 개인분쟁(11%), 세습(10%), 부당 처리(17%), 교회 내 근로자문제(6%), 청빙문제(4%), 성폭력(4%) 등의 순으로" 나타났다. 한편 표면적 분쟁 이면의 "분쟁 배경 유형"으로는 "인사 및 행정전횡"이 50%로 가장 많은 비중을 차지했고 그 뒤를 재정전횡(34%), 성폭력(8%), 청빙문제(4%), 세습(4%)의 순으로 나타났다. "교회분쟁의 핵심요인은 '행정'과 '재정' 전횡", 〈크리스천투데이〉, 2019. 1. 25, http://www.christiantoday.us/25733

12 앞의 기사.

한국교회에 이렇게 시드기야왕처럼 자신의 권력으로 현실을 가리려는 사람들이 있는가 하면, 다른 한편에는 교회에서 멀어짐으로 그런 현실을 외면하려는 사람들도 있다. 소위 '가나안 성도'들 다수가 그런 사람들일지 모른다. 즉 교회에 계속 남아 있으면 겪거나 보게 될 문제들을 외면하기 위해 교회를 떠난 사람들일지 모른다. 그런데 문제는 이렇게 교회를 떠난 사람들이 점차 기독교신앙 자체로부터도 멀어질 가능성이 크다는 점이다.[13]

그러면 예레미야 시대에도 이같이 교회와 신앙을 떠난 사람들이 있었을까? 그렇다. 예컨대 바벨론이 두려운 나머지 예레미야의 경고를 무시하고 애굽으로 도피한 유다 난민들이 그런 사람들이었다. 이들이 애굽으로 도피하기 전 예레미야가 했던 경고가 다음과 같은 것이었다.

여호와의 말씀이니라 너희는 너희가 두려워하는 바벨론의 왕을 겁내지 말라 내가 너희와 함께 있어 너희를 구원하며 그의 손에서 너희를 건지리니 두려워하지 말라 내가 너희를 불쌍히 여기리니 그도 너희를 불쌍히 여겨 너희를 너희 본향으로 돌려보내리라 하셨느니라 그러나 만일 너희가 너희 하나님 여호와의 말씀을 복종하지 아니하고 말하기를 우리는 이 땅에 살지 아니하리라 하며 또 너희가 말하기를 아니라 우리는 전쟁도 보이지 아니하며 나팔 소리도 들리지 아니하며 양식의 궁핍도 당하지 아니하는 애굽 땅으로 들어가 살리

13 한국기독교목회자협의회,《한국기독교 분석리포트: 2018 한국인의 종교생활과 의식 조사 1998~2018》, 83. 이 조사에 따르면 교회비출석교인 자신들도 38%가 자신의 신앙이 교회 출석 시보다 약해졌다고 고백했다.

라 하면 잘못되리라(렘 42:11-14)

그들 유다 난민들이 이러한 예레미야의 경고를 무시하고 애굽으로 갔다는 것은 그들이 하나님의 말씀을 신뢰하기보다 당장 보기에 좋고 안전한 길을 택했다는 의미이다. 그들은 하나님의 말씀보다 그들 자신의 경험과 판단을 더 신뢰했다.

한국에서 교회와 신앙을 떠나는 사람들 역시 이와 마찬가지일 수 있다. 교회를 떠나는 사람들 중 많은 이들이 이렇게 유다 난민들처럼 불확실한 미래보다 오늘 보기에 '소소하지만 확실한 행복'(소확행)을 선택하는 사람들이다. 한국 젊은이들 사이에 유행하는 '희망고문'이란 말에는 미래의 희망 때문에 현재의 고통을 감수하기에 그 희망이 너무나 불확실하다는 의미가 내포되어 있다. 그래서 불확실한 미래보다 당장 보기에 소소하지만 확실한 행복을 선택하려 한다.

안타까운 일은 그렇게 그들이 포기하는 미래의 희망 중에 하나님 안에서 크리스천들이 붙들어야 할 믿음과 소망도 포함될 수 있다는 점이다. 그리고 또 한 가지 안타까운 점은 그들이 그렇게 믿음의 소망조차 버리며 선택하는 현재의 그 '소확행'이 실제로 전혀 확실치 않은 신기루로 밝혀질 수 있다는 점이다. 결과적으로 그들에게 주어지는 것은 행복이 아니라 오히려 더 큰 고통과 상실감이다.

포로생활의 희망

그러면 대안은 무엇인가? 예레미야는 임박한 심판을 부인하거나 애굽으로 가는 대신 어떠한 대안을 제시했는가? 그것은 곧 바벨론에 붙잡혀 가 그곳의 포로와 종으로 살아가는 길이었다. 그것은 당장 보기에 슬퍼 보이고 힘들어 보이는 길이었다. 그러나 예레미야는 당장 보기에 슬프고 힘들어 보이는 길이 오히려 살길이라고 이야기한다.

특별히 유다 사람들 중 젊은이들에게 예레미야는 "사람이 젊을 때에 멍에를 메는 것이 오히려 유익하니 그것을 주께서 지우셨기 때문이라"(애 3:27-28)고 말한다. 그러므로 차라리 그 멍에를 받아들이고 "입을 티끌에 대며 바닥까지 낮아져라"(애 3:29)고 권면한다. 부당한 현실을 회피하지 말고 도리어 "뺨을 돌려대고 치욕으로 배불리라"(애 3:30)고 말한다. 그들이 그렇게 할 수 있는 이유는 바로 하나님께서 영원히 그들을 버리지 않으실 것이기 때문이다(애 3:21-32). 예레미야는 이러한 하나님의 긍휼과 인자하심이 그들에게 진정 확.실.한 희망이라 말한다.

특히 예레미야가 그의 필사자인 바룩에게 했던 권면은 오늘날 한국교회 젊은이들에게 시사하는 바가 크다. 이 권면은 예레미야서 45장에 나오는데, 여기서 예레미야는 그의 예언을 구술하다 말고 문득 그 예언을 받아 적던 바룩에게 이렇게 하나님 말씀을 대언한다.

바룩아 이스라엘의 하나님 여호와께서 네게 이같이 말씀하셨느니
라 네가 일찍이 말하기를 화로다 여호와께서 나의 고통에 슬픔을 더
하셨으니 나는 나의 탄식으로 피곤하여 평안을 찾지 못하도다 너는
그에게 이르라 여호와께서 이와 같이 말씀하시기를 보라 나는 내가
세운 것을 헐기도 하며 내가 심은 것을 뽑기도 하나니 온 땅에 그리
하겠거늘 네가 너를 위하여 큰 일을 찾느냐 그것을 찾지 말라 보라
내가 모든 육체에 재난을 내리리라 그러나 네가 가는 모든 곳에서는
내가 너에게 네 생명을 노략물 주듯 하리라 여호와의 말씀이니라(렘
45:2-5)

아마도 예레미야는 자신의 말을 받아 적고 있던 그 청년의 얼
굴에서 깊은 수심과 번민을 발견했을 것이다. 그리고 그런 바룩
을 진심으로 안타깝게 여기는 마음으로 위와 같은 하나님 말씀
을 전했으리라. 이렇게 예레미야가 전한 말씀 중에는 "네가 너
를 위해 큰 일을 도모하느냐 그것을 도모하지 말라"(렘 45:5)는 말
씀이 있다. 대체 바룩은 이 상황에서 어떤 '큰 일'을 도모하고 있
었길래 그리 말씀하신 것일까? 정확히 알 수 없다. 성경은 더 이
상 그것에 관해 상세히 말해 주지 않는다. 추측컨대 바룩은 당
시 예레미야의 예언에 따라 바벨론의 세력이 더 커질 것을 알고
있었다. 그렇기 때문에 어쩌면 그는 바벨론의 힘을 빌어 자신의
살길을 찾고 있었을지 모른다. 그러나 이것은 단지 가설일 뿐이
다. 그런데 바룩이 도모한 그 일이 무엇이든 하나님은 도모하지
말라고 말씀하신다. 이것은 하나님께서 지금 강성해 보이는 바
벨론조차도 장차 심판할 날이 이를 것이기 때문이다.

우리는 바룩이 도모한 큰 일이 무엇인지 알 수 없지만 한국 젊은이들이 꿈꾸는 큰 일이 무엇인지는 대충 짐작할 수 있다. 한국 젊은이들이 간절히 바라는 바가 있다면 아쉽게도 하나님 나라가 아니라 그들이 빚을 내서까지 투자한 주식이 소위 '대박'이 나는 일이다. 그런데 바룩에게 주신 하나님 말씀에 따르자면 이런 기대는 별로 바람직한 것이 못 된다. 하나님께서는 지금 그들이 의뢰하는 것조차 장차 뽑으실 날이 올 것이기 때문이다.

하나님은 대신 바룩에게 이렇게 약속하신다. "그러나 내가 너의 가는 모든 곳에서 네 생명을 노략물 주듯 하리라"(렘 45:5). 여기서 노략물이란 전쟁터에서 우연히 얻게 되는 수확물을 뜻한다. 그러므로 이것은 바룩의 삶이 전쟁터와 같으리라는 별로 달갑지 않은 메시지일 수 있다. 그러나 동시에 전쟁터 같은 삶 속에서 하나님이 매번 그의 생명을 지키시며 앞길을 열어 주시겠다는 약속이었다.

예레미야는 계속해서 임박한 하나님의 심판에 대해 경고했다. 하지만 동시에 하나님 말씀에 순복하는 자들에게 하나님께서 약속하신 미래와 희망에 대해서도 이야기했다. 이것을 예레미야서 29장, 바벨론에 잡혀간 사람들에게 예레미야가 부친 서신 속에서 찾아볼 수 있다.

여호와께서 이와 같이 말씀하시니라 바벨론에서 칠십 년이 차면 내가 너희를 돌보고 나의 선한 말을 너희에게 성취하여 너희를 이 곳으로 돌아오게 하리라 여호와의 말씀이니라 너희를 향한 나의 생각을 내가 아나니 평안이요 재앙이 아니니라 너희에게 미래와 희망을

주는 것이니라(렘 29:10-11)

사실상 바벨론으로 잡혀간 자들이 거기서 70년을 기다려야한다는 것은 한평생을 그곳에서 허비해야 한다는 의미가 된다.때문에 이 말씀은 희망이 아니라 도리어 낙심을 주는 말씀이었을지 모른다. 듣는 많은 이들의 사후에나 이뤄질 일을 약속하는말씀이었기 때문이다. 마치 한국 젊은이들에게 간혹 하나님 말씀이 '희망고문'으로 느껴지는 것과 마찬가지이다. 지금으로서는 모호할 뿐인 "미래"와 "희망"을 위해 현재의 젊음을 던지라는 의미로 그 말씀이 들릴 수 있기 때문이다.

그런데 이 말씀을 단지 먼 미래에 대한 약속으로만 아니라 당장 보기에 고통스러운 현재의 삶에 대한 약속으로 듣는다면 조금 달리 들릴 수 있다. 마치 요셉의 노예 생활 가운데 하나님이그를 형통케 하신 것처럼 우리의 포로 생활 가운데 "재앙"이 아니라 "평안"을 주시겠다는 약속으로 듣는다면 그 의미가 다르게 이해될 수 있다. 하나님은 바벨론에 포로로 잡혀간 이들에게 그 땅에서 낙심하지 말고 일어나 꿋꿋이 살아가라고 말씀하신다. "집을 짓고 거기 살며 텃밭을 만들고 그 열매를 먹으라"(렘 29:5)고 말씀하신다. 또 "배우자를 맞아 자녀를 낳으며 너희 자녀도 역시 배우자를 맞아 자녀를 낳아 번성하고 줄어들지 않게 하라"(렘 29:6)고 말씀하신다. 특히 이 말씀은 오늘날 '삼포세대', '오포세대'라 일컬어지는 한국의 젊은이들에게 의미 있는 말씀일수 있다. 즉 그들 보기에 막막한 현실 때문에 결혼과 출산조차포기하는 젊은이들에게 그런 선택을 하지 말고 하나님의 돌보심을 믿으며 새로운 가정을 이루고 직장을 찾으라는 말씀일 수 있기 때문이다.

하나님은 또한 그들 바벨론 포로들에게 대인관계와 사회생활도 포기하지 말라고 말씀하신다. 또 그들이 몸담은 일터와 도시를 축복하고 평안하기를 기도하라고 말씀하신다. 왜냐하면 그곳이 평안함으로 그들 역시 평안할 것이기 때문이다(렘 29:7).

그런데 사실 이것은 하나님께서 이미 이전부터 당신의 종들을 통해 줄곧 전해 오셨던 메시지라 할 수 있다. 하나님께서는 그 종 엘리사로 하여금 그를 잡으러 온 아람 군대에게 도리어 선을 베풀게 하셨다. 그로 인해 비록 일시적이나마 이스라엘 땅에 평화가 임했다(왕하 6:23). 또한 하나님께서는 그 종 요나를 통해 니느웨 사람들을 회개케 하셨다. 그 결과로 역시 일시적이었지만 이스라엘이 전쟁의 위협으로부터 벗어나 평안을 누릴 수 있었다.

이스라엘이나 열방 모두에게서 발견할 수 있는 한 가지 공통점은 그들이 회개한 이후 이내 다시 그 죄로 돌아가 같은 죄를 반복한다는 점이다. 아람, 앗수르, 바벨론 모두 그러했고 결과적으로 모두 하나님의 심판을 받았다. 그럼에도 불구하고 하나님께서는 당신의 종들에게 그런 그들을 섬기며 그들을 위해 기도하라고 말씀하셨다. 이것은 종들의 평안이 불가피하게 그 땅 사람들의 회개에 달려 있기 때문이 아니다. 하나님께서는 어떤 상황 속에서도 당신의 종들에게 평안을 주신다. 그러나 그 땅을 위해 기도하라 하신 것은 하나님께서 그 땅 사람들이 멸망하는 것보다 회개하고 구원받는 것을 더 기뻐하시기 때문이다. 그로 말미

암아 그 땅에 거하는 당신의 백성들 역시 평안을 누리기를 바라
시기 때문이다.

　우리가 몸담은 직장과 도시를 위해 기도해야 하는 이유도 마
찬가지이다. 하나님께서는 직장이나 도시 사람들이 잘못되고
대신 우리가 잘되는 것보다 그들이 잘됨으로 우리도 함께 잘되
는 것을 더 원하신다. 하나님은 우리가 그들을 밟고 올라서기보
다 비록 아래에 있더라도 축복하는 자가 되라고 말씀하신다. 왜
냐하면 그것이 하나님의 방식이며 그 방식에 따를 때 비로소 그
들이 우리 안에서 하나님을 보게 될 것이기 때문이다. 하나님께
서 그의 백성을 이끄신 삶은 요컨대 세상 가운데서 도리어 낮은
자, 섬기는 자로 사는 삶이었다. 이것은 아마 지금 이 시대에도
마찬가지일 것이다. 하나님께서는 종인 우리를 세상 가운데 살
면서 세상을 축복하는 삶의 길로 인도하고 계신다.

215

8

세상을

위한

종

다니엘과 크리스천 직장인들

마지막으로 이 책에서 함께 살펴보려는 것은 바벨론에 포로로 잡혀간 유다 청년들, 즉 다니엘과 그의 세 친구들의 이야기이다. 이 이야기가 기록된 다니엘서는 다음과 같은 문장으로 시작된다.

> 유다 왕 여호야김이 다스린 지 삼 년이 되는 해에 바벨론 왕 느부갓네살이 예루살렘에 이르러 성을 에워쌌더니 주께서 유다 왕 여호야김과 하나님의 전 그릇 얼마를 그의 손에 넘기시매 그가 그것을 가지고 시날 땅 자기 신들의 신전에 가져다가 그 신들의 보물 창고에 두었더라(단 1:1-2)

원래 성전에서 사용되던 그릇들이 이렇게 이방신전의 장물贓物이 되었다는 이야기는 당시 바벨론에 붙잡혀 간 유다 청년들의 상황을 제유적으로 보여 주는 것이라 할 수 있다. 그렇게 포로로 잡혀 오지 않았더라면 아마 유다를 이끌어 갈 지도자들이 되었을 청년들이 그 이방왕궁에서 거세를 당하고 심지어 이름조차 이방신의 이름으로 바뀐 기구한 현실이 묘하게도 그 그릇들의 운명과 일치하고 있다. 바벨론왕의 환관후보생으로서 당한 '거세'와 '개명'은 이제 그들이 하나님의 백성으로서 살아갈 미래와 정체성을 상실해 버렸음을 의미하는 것이다. 이런 상황에서 그들이 추구할 수 있는 것은 현재 그 왕궁에서의 안위와 쾌락 외에 다른 것이 있을 수 없었다.

바벨론에 잡혀간 유다 청년들의 상황에 비견할 만한 것이 크리스천 직장인들의 현실이다. 크리스천 직장인들의 현실을 고대의 전쟁 노예에 비교한다는 것이 너무 과하다 싶을지 모르지만 실제로 둘 사이에는 공통점이 많다. 무엇보다 그들이 크리스천으로서 가진 정체성이나 가치가 몸담은 직장 문화와 너무나 다르기 때문이다. 그래서 많은 크리스천들은 교회와 직장 사이를 마치 이중국적자와 같은 모습으로 살아간다.

그런데 크리스천 직장인들의 위기는 그나마 그들의 정체성을 뒷받침해 주던 교회공동체가 영향력을 점점 잃어버리고 있다는 점이다. 이렇게 되는 데는 물론 그들 자신의 책임이 있다. 그러나 단지 그들 개인의 책임이라고만 말할 수도 없는 이유는 한국의 직장들이 그 직장에 소속된 직원들을 지나치게 '노예화' 하고 있기 때문이다. 이것은 OECD 주요국가들 중 최장의 근로시간만 아니라[1] 과열경쟁과 고용불안 등으로 인한 스트레스율(95퍼센트)이 미국(40퍼센트), 일본(61퍼센트)에 비해 월등히 높은 데서도 볼 수 있다.[2] 업무 부담이 단지 그들의 물리적 시간만 아니라 그들의 정신까지도 지배하고 있다는 사실을 증명하는 것이다.

이런 상황에서 더 큰 문제는 한국교회가 그들에게 크리스천

1 2020년 한국의 연평균 근로시간은 1,927시간으로 OECD 주요 12개국 중에서 1위이다. OECD, "Average annual hours actually worked per worker", OECD.Stat, https://stats.oecd.org/Index.aspx?DataSetCode=ANHRS(July 2021).

2 임세흠 기자, "한국 직장인 스트레스 세계 최고", 〈KBS News〉, 2007. 5. 17, https://news.kbs.co.kr/news/view.do?ncd=1356510

으로서 대안적 삶을 제시하지 못하고 있다는 점이다. 교회가 직장인들의 현실을 충분히 공감하지 못할 뿐 아니라 여전히 교회의 우선적 관심은 교회 내부에 집중돼 있는 것처럼 보인다. 이로 인해 많은 직장인들이 교회와 자신의 삶 사이의 괴리를 느끼고 교회로부터 점점 멀어지고 있다. 최근의 코로나 팬데믹 상황은 그렇게 교회로부터 멀어지고 있던 크리스천 직장인들을 더욱 교회로부터 단절시켜 버렸다. 말하자면 이제 그들은 기존의 이중국적조차 잃어버린 채 정체성 없는 난민과 같은 처지에 놓이게 된 것이다. 한국 크리스천 직장인들을 다니엘 같은 바벨론 포로들에 비견할 수 있는 이유가 바로 여기 있다.

절제 서원

새로운 나라에 와서 그 나라에 적응하기 위해서는 빨리 과거의 언어와 습관을 잊어버리고 그 나라의 말과 문화에 익숙해지는 것이 영리한 선택일 수 있다. 아마도 바벨론에 포로로 잡혀온 유다 청년들의 경우도 그러했을 것이다. 이름이 바뀐 것은 그들의 정체성이 바뀌었다는 것이다. 그러므로 이제 그 새로운 정체성을 빨리 받아들이고 현재 그들에게 가능한 목적과 이익을 추구하는 것이 가장 이로운 선택지였을 것이다. 이제 일생 바벨론 왕실에 갇혀 살게 된 이상 그들이 앞으로 추구할 수 있는 것은 두 가지였다. 첫째, 할 수만 있다면 왕의 총애를 받아 높은 지위나 부를 얻는 것이었다. 그러나 현실적으로 쉽지 않은 일이었다. 그보다 더 현실적인 길은 어떻게든 목숨을 부지하면서 현재 그들에게 주어진 왕실의 화려함과 안락함을 그들 처지에서 누릴 수 있는 만큼 누리며 사는 것이었다.

사실 오늘날 한국 직장인들 역시 이와 크게 다르지 않다. 많은 경우 그러하듯 그 직장생활이 원래 자신이 원했던 삶 그대로가 아니라면, 그렇다고 현실적으로 그 직장을 그만두고 다른 대안을 찾기도 어려운 현실이라면, 이제 그들이 택할 수 있는 길은 두 가지이다. 최대한 많은 업적과 승진, 고수입을 통해 상실감을 보상받는 것이다. 또한 현재 위치에서 누릴 수 있는 만큼 사치와 편안함 같은 현실적 보상을 챙기는 길이다. 저소득층 직장인들

221

의 경우 고소득자들과 같은 사치가 어렵다면 그 대안으로 찾게 되는 것이 이른바 '소확행' 즉 그 초라한 일상 속의 소소한 위안거리들이다. 오늘날 한국 직장인들이 그런 일상의 위안거리로 자주 찾는 것이 대표적으로 '맛집' 같은 곳이다.

유다 출신 환관후보생들에게 바벨론 왕실에서 누릴 만한 것은 그리 많지 않았다. 다만 한 가지 그들에게 소소하지만 확실하게 주어진 것이 있었다면 그것은 바로 "왕의 진미와 포도주"였다(단 1:5). 그것이 바벨론이 정복한 세계 각지에서부터 바벨론왕에게 바쳐진 진상품進上品일진대 과연 그것은 당대 다른 어떤 곳에서도 맛볼 수 없는 최고의 음식과 포도주였음이 분명하다. 사실 지금 생각해도 다니엘이 이런 음식과 포도주를 마다한 것은 어리석은 결정이 아닐 수 없다. 자신들에게 주어진 유일한 즐거움을 마다한 것이기 때문이다. 사실 모세의 율법에 의거하더라도 이런 것이 "자신을 더럽게 한다"(단 1:8)는 다니엘의 생각은 지나치게 경직된 해석이라 볼 수 있다. 모세의 율법은 일부 부정한 음식을 금하고 있을 뿐 육식이나 포도주 전체를 금하고 있지 않기 때문이다.[3]

그런데 실상 다니엘이 왕의 진미와 포도주를 먹지 않은 것은 정확히 말해서 그것이 율법을 범하는 일이었기 때문이 아니라 그가 율법이 정한 나실인의 서원을 행하기로 "뜻을 정했기"(단

---

3 더구나 이것을 "사람의 입으로 들어가는 것이 그 사람을 더럽게 하지 않는다"(마 15:11)는 신약의 예수님의 말씀의 견지에서 보면 더욱 다니엘의 생각은 고지식해 보인다.

1:8) 때문이다.[4] 그러니까 그것은 그가 신앙 때문에 무엇을 하지 않은 것이 아니라 반대로 무언가를 하기로 결심한 일이었다. 추측컨대 그는 하나님을 알지 못하는 바벨론 사회에서 살아 계신 하나님을 스스로 기억하며 살기 위해 그렇게 나실인의 서원을 결심했던 것이다. 하나님의 성전을 잃어버린 백성으로서 하나님을 섬기기 위해 스스로가 성소가 되기를 원했던 것이다.

다니엘의 금주禁酒가 상기시키는 것이 오늘날 한국 교회의 금주 전통이다. 금주는 한국교회가 초창기부터 오늘날까지 지켜 온 대표적인 신앙적 전통 중 하나이다. 원래 초기 한국교회의 단주단연운동은 나라를 잃어버린 암울한 현실 속에서 당장 아무것도 그 현실을 바꾸기 위해 할 수 있는 일이 없었던 초기교회 성도들이 자신부터 변화시키고자 시작했던 절제운동의 일환이었다. 그런데 이렇게 시작된 금주금연의 전통이 현대 한국교회에 이르면서 점차 크리스천이 해서는 안 될 금지사항이 되어 버렸다. 그래서 여전히 많은 교인들이 그 전통을 지켜오고 있지만 원래 그 속에 담긴 정신인 신앙인으로서 세상과 구별된 삶을 살고자 하는 그 원래의 결심은 많이 잊히고 말았다.

아이러니하게도 현실 속에서 절제를 통해 새로운 삶을 추구하는 모습을 오히려 교회 밖의 세상 사람들에게서 찾아볼 수 있다. 일례로 다이어트인데, 크리스천의 종교생활을 무색하게 할

---

4   "이스라엘 자손에게 전하여 그들에게 이르라 남자나 여자가 특별한 서원 곧 나실인의 서원을 하고 자기 몸을 구별하여 여호와께 드리려고 하면 포도주와 독주를 멀리하며 포도주로 된 초나 독주로 된 초를 마시지 말며 포도즙도 마시지 말며 생포도나 건포도도 먹지 말지니"(민 6:2-3).

만큼 열심으로 음식 절제와 운동을 실천하는 사람들이 많다. 특히 체중 감량 등 눈에 띄는 실효를 거두는 사람들에게서 발견할 수 있는 것은 바로 새로운 삶과 새로운 자기 실현을 향한 열정이다. 이 또한 "너는 믿음이 있고 나는 행함이 있으니 행함이 없는 네 믿음을 내게 보이라"(약 2:18)는 도전을 우리가 세상으로부터 받게 되는 대목이 아닐 수 없다.

열흘간 채식을 한 다니엘과 세 친구들은 육식을 한 다른 동료들보다 그 얼굴이 "더욱 아름답고 살이 더욱 윤택해졌다"(단 1:15). 이런 그들의 얼굴은 단지 신비로운 영적 효과만이 아니라 바로 새로운 삶의 목표와 의지를 가진 사람의 얼굴이었다. 실상 당시 유다 포로들의 현실을 생각해 보면 그들의 얼굴에 이렇게 생기가 넘쳤다는 것은 실로 놀라운 일이 아닐 수 없다. 그것은 그들이 그렇게 암울한 현실을 살아가면서도 그러한 현실에 짓눌려 우울증에 빠지지 않았다는 것을 보여 주는 얼굴인 것이다.

직장 가운데 하나님의 통치

크리스천의 직장생활이 어려운 것은 결코 직장 일이 단지 무의미하거나 우울하기 때문만 아니다. 그보다 큰 이유는 그들의 인생을 좌지우지할 만한 힘이 그들의 고용주 내지 직장시스템에 있기 때문이다. 오늘날 한국의 고용주들이 고대의 왕들 같은 생사여탈권을 가진 것은 아니지만 또 그렇다고 그런 힘을 전혀 갖지 않았다고 말할 수도 없다. 코로나 때문에 더 어려워진 현실을 감안하더라도 놀랄 수밖에 없는 것은 재작년(2020년) 한 조사에 따를 때 우리나라 177개 기업의 평균취업률이 36대1이었다는 사실이다.[5] 이런 경쟁률을 뚫고 취업을 하자면 그 한 사람이 이제껏 얼마나 많은 노력과 투자를 해야 했고, 또 그렇게 해서 들어간 직장에 그 사람 본인을 포함한 몇 사람의 미래가 달려 있을지 생각해 보게 된다. 또 그런 직장을 잃는다는 것이 그들에게 얼마나 큰 손실일지 헤아려 볼 수 있다. 말 그대로 목숨을 잃는 것까지는 아니더라도 경우에 따라 그에 못지않은 고통이 장기적으로 그 사람 본인과 그의 가족에게 초래될 수 있다. 이렇게 보면 우리는 한국의 직장이라는 곳이 생각보다 무서운 곳이라는 사실을 알게 된다.

---

5 강석균 기자, "2020년 취업 경쟁률 전년 대비 2배 증가한 36:1… 좁은 문 뚫은 합격자는?", 〈리크루트 타임즈〉, 2020. 12. 22, http://www.recruittimes.co.kr/news/articleView.html?idxno=88032

여기서 우리가 던져 볼 질문은 과연 이런 현실이 동서고금을 막론하고 인간에게 불가피한 현실인가 하는 물음이다. 이런 질문을 가지고 다시 성경 속으로 돌아가 보면 일반 백성의 입장에서 이스라엘 역사에서 그래도 가장 살 만한 시기였으리라 여겨지는 것은 역시 가나안 정착 직후이다. 왜냐하면 당시 사람들은 가족마다 하나님의 기업으로 분배받은 땅이 있었기 때문이다. 혹 본인의 잘못이나 어떤 불상사로 인해 그 땅을 잃어버리게 되었다 할지라도 50년 후 그들의 자녀가 장성했을 때 즈음이면 그 기업이 다시 그들에게로 돌아오게 된다. 또 빚을 져서 그 댓가로 종살이를 하게 되었다 하더라도 7년 후면 다시 자유를 얻게 된다. 만일 그들에게 이런 하나님의 법을 수호해 주며 또 어떤 외적의 침입으로부터라도 그들을 지켜 줄 왕이 있었다면 참으로 그들은 행복한 백성이었을 것이다.

그런데 실제로 이스라엘 백성이 그렇게 행복한 날은 그리 많지 않았다. 그 이유는 그들 스스로 하나님이 그들의 왕 되시는 것을 거부했기 때문이다. 그래서 하나님께서는 그들을 이방의 손에 붙이셨다. 그런데 만일 이때 그들을 지배하게 된 그 이방의 왕이 여호와의 법을 존중하고, 그래서 그 법을 그대로 준행하는 왕이었다면, 사실 일반 백성의 입장에서 세상은 예나 다름없이 여전히 좋은 세상이었을 것이다. 그러나 물론 실제로 그런 일은 일어나지 않았다. 이스라엘을 침략한 이방왕들은 하나님의 법이 아니라 바알의 법에 따라 그들을 다스렸기 때문이다. 실상은 이방왕이 아니라 그런 이방으로부터 그들을 보호해 준다고 했던 이스라엘의 왕들조차 그 이방왕들과 다를 바가 없었다. 즉 권력을 가진 자들이 많은 땅을 차지하고 가난한 백성들은 그들의 종이 되며 그 권력자들이 그 가난한 백성의 생사여탈권을 가지는 세상을 만들었다.

힘없는 자들이 힘 있는 자의 종이 되는 것은 이스라엘 밖의 모든 세상의 법칙이었고, 심지어 이것은 오늘날 역시 예외가 아니다. 이것은 오늘날 세계 역시 본질적으로 바알의 법이 통용되는 세계라고 할 수 있기 때문이다. 어떻게 보면 공산주의자나 사회주의자들은 이러한 세상을 바꿔 보려 한 것처럼 보인다. 이는 그들이 모든 사람이 똑같이 소유를 나눠 갖는 사회를 실현하려 했기 때문이다. 그런데 주지하듯이 실제 그런 일은 이루어지지 않았다. 그들이 세운 국가에서도 여전히 부는 권력자들이 독점하게 되었고 일반서민들은 그들의 종과 같은 삶을 살게 됐다. 여기서 우리가 알 수 있는 것은 형식적인 법체제보다 더 중요한 것이 그 나라의 통치권이 진정 누구에게 있느냐 하는 점이라는 것이다. 공의로운 법이 실현되기 위해서는 그 법을 실현할 통치권이 있어야 한다. 그리고 그 통치권이 그 법과 마찬가지로 공의로워야 한다. 그런데 인류의 역사는 그러한 통치자는 하나님 자신밖에는 없다는 사실을 증명한다. 그러므로 그러한 법이 실현되는 나라는 하나님이 통치하시는 나라일 수밖에 없는 것이다.

여기서 한 가지 우리가 유의해야 하는 것은 하나님의 나라가 단지 내세來世를 의미하지 않는다는 점이다. 하나님의 통치는 저 내세만 아니라 이 땅에서 이루어지는 것이다. 그런데 왜 실제 그것은 우리 보기에 이처럼 희귀한 일일까? 그 이유는 우리가 그 하나님의 통치를 우리 삶에서 스스로 거부하고 있기 때문이다.

이스라엘이나 유다가 이 땅의 하나님 나라가 되지 못한 이유는 그들이 하나님께서 그들의 왕 되심을 거부했기 때문이다. 이것은 역으로 말해 우리가 참으로 하나님께서 우리의 왕 되시게 할 때 우리가 어떤 상황에 놓여 있든 하나님의 통치가 우리 삶 가운데 실현된다는 것이다. 바로 이 점을 우리에게 보여 주는 것이 다니엘과 세 친구들의 이야기이다.

다니엘서에는 다니엘과 세 친구들이 여러 차례 생명의 위기에 처하는 장면들이 나온다. 이런 계속되는 위기들 속에서 우리가 동일하게 발견할 수 있는 원리는 첫째 어떤 상황에서도 하나님을 의지하는 사람을 하나님께서 그 위기에서 건지시며 그로 인해 도리어 사람들 가운데 높임을 받게 하신다는 것이다. 우리는 이것이 오늘날 크리스천 직장인들의 삶에도 동일하게 적용되는 원리라고 볼 수 있을까? 당연히 그러하다.

다니엘과 세 친구들의 이야기를 우리가 현대판으로 번안해 본다면 그것은 곧 그들이 직장에서 그들의 신앙과 정직한 삶 때문에 여러모로 위기를 겪지만 그 상황을 주관하시는 하나님으로 말미암아 결국 그 어려움을 벗어나 명예와 지위를 되찾게 된다는 이야기가 된다. 이것은 다시 말해 세상에는 비록 불의와 불공평이 만연할지라도 하나님을 왕으로 섬기는 사람들의 삶에는 여전히 하나님의 법이 유효하다는 의미라고 할 수 있다.

그런데 이 다니엘의 이야기에서 우리가 놓치지 말아야 할 것은 이러한 일이 비단 그 신앙인 한 사람의 복권이나 영전으로 끝나지 않는다는 점이다. 다니엘의 이야기를 보면 그 일을 통해 그 주위 사람들 ― 심지어 그에게 원래 해를 끼치려 했던 사람의 입에서

까지—"네 하나님은 참으로 모든 왕의 왕이시라"(단 2:47)는 고백
이 나오게 된다. 요컨대 이것은 하나님의 통치가 비단 그 자신에
게만 아니라 그가 몸담은 일터 가운데 드러나게 된 것이다.

크리스천의 선지자적 사명

한 사람의 신앙인으로 인해 직장 안에 하나님의 통치가 나타난다는 것은 그가 없이는 그곳에 하나님의 통치가 이뤄지지 못한다는 의미가 아니다. 하나님의 통치는 우리의 어떠함에 상관없이 현실 가운데 항상 이뤄지고 있는 것이다. 하나님의 사람이란 이미 이루어지고 있는 하나님의 통치가 삶을 통해 '드러나게' 하는 사람이라 할 수 있다.

다니엘과 세 친구들의 사건들은 단지 하나님께서 그들을 위기에서 건지신 사건이 아니라 그들을 통해 하나님의 살아계심을 세상 가운데 나타내신 사건이라 봐야 한다. 이를 위해 그들을 바벨론 왕궁에 두신 것인데, 특히 다니엘서 2장에서 하나님께서 그 왕궁 사람들 가운데 나타내시기 전에 먼저 다니엘과 세 친구들에게 자신을 보이시는 것을 볼 수 있다. 이것이 의미하는 바는 세상에서 선지자적 사명을 감당하기 위해 먼저 우리 자신이 그 세상 가운데서 하나님을 볼 수 있어야 한다는 것이다.

역으로 다니엘서 2장의 이야기는 우리가 삶의 현장에서 살아계신 하나님을 먼저 식별하지 못한다면 그곳 사람들 역시 하나님을 알 수 없을 뿐 아니라 결과적으로 그들에 대한 하나님의 심판이 우리 자신에게도 미치게 된다는 것을 보여 준다.[6] 자신의 문제에만 집중할 것이 아니라 직장과 사회에 관심을 기울여야 하는 이유가 바로 여기에 있다.

다니엘서 1장 마지막에 환관후보생으로서 교육을 마친 다니엘과 세 친구가 느부갓네살 왕 앞에서 '채용 면접'을 받는 장면이 나온다. 이때 자신이 묻는 질문에 답하는 그들을 보고 왕이 "지혜와 총명이 온 나라 박수와 술객보다 나은 줄 알았다"(단 1:20)고 한다. 세상을 보는 네 사람의 눈이 동료들과 같지 않고 느부갓네살왕 자신이 세상을 보는 눈높이에 상응했다는 것이다.

이것이 느부갓네살왕이 자신의 꿈에 대한 다니엘의 해석을 듣고 놀란 이유이기도 하다. 다니엘은 왕이 침상에서 고민하다가 마침내 꿈으로까지 보게 된 문제를 함께 볼 수 있었는데, 왕은 이 사실에 먼저 놀랐다. 꿈은 곧 그의 고민을 반영하는 것이었는데, 그것은 그가 부왕을 이어 다스리게 된 바벨론제국의 미래에 대한 고민이었다. 왕은 자신이 고민하던 문제를 다니엘이 볼 수 있다는 사실에 먼저 놀랐다. 다니엘의 지혜가 다른 어떤 박사나 술객보다 낫다고 여긴 이유가 여기에 있다. 다른 박사나 술객들의 관심은 그들의 안녕과 이득에 있었다. 반면 다니엘의 눈은 왕 자신이 고민하는 문제, 즉 국가와 세계의 장래를 내다보고 있었다.

일개 약소민족 출신 포로들이 왕이 고민하는 수준의 생각과

---

6   이것은 하나님께서 에스겔에게 하신 다음 말씀에서 알 수 있는 바이기도 하다. "인자야 내가 너를 이스라엘 족속의 파수꾼으로 삼음이 이와 같으니라 그런즉 너는 내 입의 말을 듣고 나를 대신하여 그들에게 경고할지어다 가령 내가 악인에게 이르기를 악인아 너는 반드시 죽으리라 하였다 하자 네가 그 악인에게 말로 경고하여 그의 길에서 떠나게 하지 아니하면 그 악인은 자기 죄악으로 말미암아 죽으려니와 내가 그의 피를 네 손에서 찾으리라 그러나 너는 악인에게 경고하여 돌이켜 그의 길에서 떠나라고 하되 그가 돌이켜 그의 길에서 떠나지 아니하면 그는 자기 죄악으로 말미암아 죽으려니와 너는 네 생명을 보전하리라"(겔 33:7-9).

시야를 가지고 있던 것은 그 능력이 원래 그들에게 있어서가 아니었다. 실상 다니엘과 세 친구들은 처음에 다른 동료들과 마찬가지로 그저 자신의 목숨을 구해 달라고 기도했다(단 2:18). 그러나 이 기도 가운데 하나님께서는 당신이 품으신 비전을 보게 하신 것이다. 이처럼 지금도 하나님을 의지하며 기도하는 사람들에게 세상을 향한 계획과 비전을 나타내 보이신다.

그런데 하나님의 사람들이 보게 되는 것은 단지 세상 경영자들이 고민하고 생각하는 문제만이 아니다. 그것을 넘어 하나님께서 세상을 향해 품으신 생각과 비전을 보게 된다. 세상 경영자들이 단지 세상의 문제를 보고 있다면 하나님의 사람인 그들은 하나님께서 그 세상의 문제에 가지신 해법과 계획을 보게 되는 것이다.

이것은 창세기 41장의 요셉 역시 마찬가지였다. 그가 본 것은 단지 바로가 꾼 꿈이 아니라 만민의 생명을 구원하고자 하시는 하나님의 계획이었다. 다니엘서 2장의 다니엘 역시 그러하다. 그가 본 것은 요셉이 본 것과 마찬가지로 이 땅 가운데 장차 하나님께서 이루고자 하시는 일인 것이다. 하나님께서는 하나님의 사람에게 계획을 보여 주심으로 동참하게 하신다. 다니엘을 바벨론왕 앞에 세우신 것은 단지 그 왕을 섬기게 하려는 것이 아니라 그곳에서 그러한 하나님의 일을 보고 거기 동참케 하려하신 것이다.

구체적으로 하나님께서 당시 세계사의 흐름 가운데 품으신 계획은 어떤 것이었나? 그것은 요셉의 시대와 마찬가지로 만민의 생명을 구원하고자 하시는 계획이었다. 기본적으로 하나님의 뜻은 만민을 멸하시려는 것이 아니라 만민의 생명을 구원하시려는 것이다. 하나님은 "악인이 죽는 것을 기뻐하지 아니하고 악인이 그의 길에서 돌이켜 떠나 사는 것을 기뻐하신다"(겔 33:11). 그런데 실제로 선지자들을 통해 선포된 하나님의 메시지는 왜 주로 열방의 심판에 관한 것들인가? 그것은 결국 열방을 심판하기 위해서가 아니라 열방이 그 말씀을 듣고 회개하여 구원에 이르게 하고자 주신 말씀이다.

이렇게 하나님께서 열방을 향해 품으신 뜻을 생각할 때 오늘날 이 땅 가운데 이루고자 하시는 뜻이 무엇인지도 이해하게 된다. 지금도 하나님의 본의는 세상을 멸하시려는 것이 아니라 세상을 구원하시려는 것이다. 선지시대와 마찬가지로 오늘 이 시대에도 하나님께서 진정 원하시는 바는 이 땅 사람들 가운데 회개와 구원이 임하는 일이다. 물론 이 땅에 하나님의 심판이 이뤄지는 것도 하나님의 통치의 실현이라 할 수 있다. 그런데 그것보다 죄인들이 회개하고 돌아오며 하나님의 은혜가 그들 가운데 부어지는 일이야말로 진정 하나님의 통치가 이 땅에 실현되는 일이다. 하나님이 진정 원하시는 일은 전자가 아니라 이 후자이다. 그런데 후자가 실현되는 데 있어서 관건은 하나님의 사람, 그 땅의 "무너진 데를 막아서서 [하나님]으로 하여금 [그 땅을] 멸하지 못하게 할 사람"(겔 22:30)이다. 하나님은 우리가 직장과 사회에서 바로 그러한 사람이 되기를 원하신다. 몸담은 이곳을 저주하는 것이 아니라 이렇게 축복하는 것이 바로 진정한 이 시대의 선지자적 사명이다.

에필로그 한국교회, 에게해를 건너다

2050년 한국교회는 천주교보다 줄어든다. 현재 기독교의 절반이 될
것이다. 교육부서는 전체 기독교인의 5~10퍼센트대로 줄어들 것이
다. 영유아부, 유치부, 유년부, 소년부, 중등부, 고등부를 합친 교육
부서의 총인구는 15~40만 명 정도가 될 것이다. 한국교회 6만 5천
교회로 나누어 보면 교육부서 전체의 평균 숫자는 교회당 6~7명 정
도다. 장년의 80~90퍼센트는 55세 이상 은퇴자가 될 것이다. 한국
교회의 주력 세대는 70~80대가 될 것이다. 실제로는 현재 있는 교
회 중에서 절반은 사라질 가능성이 크다. 살아남은 절반의 교회 중
90퍼센트는 교육부서가 전멸할 것이다. 이것이 25년 후인 2050년의
한국교회의 모습이다.[1]

미래학자 최윤식과 최현식이《2020-2040 한국교회 미래지
도》에서 그린 한국교회의 미래상이다. 이는 과연 "미래를 너무
부정적으로 보는 것 아닌가?"라는 반응을 일으키기에 충분한
예측이다.[2] 그런데 이것을 단순히 부정적이라는 이유로 물리치
는 것이 옳지 않은 이유는 무엇보다 이것이 객관적 데이터에 의
한 예측이기 때문이다. 그중 금융위기 발발과 교회부도 사태 같

---

1   최윤식, 최현식,《2020-2040 한국교회 미래지도 2》(서울: 생명의말씀사, 2015),
    68-69.

2   앞의 책, 26.

은 예측은 약간의 부정확함이 있을지 모르겠으나 위처럼 인구 자료에 기초한 예측은 30년 후라도 정말 어떤 특별한 일이 없는 한 실제로 많이 다르기는 어려울 것이다. 그렇다면 이것을 단지 너무 부정적이라고 물리치는 것은 현실 부정이 된다.

또한 위의 예측을 부정적이라 느낄 때 스스로 돌아보아야 하는 것은 어떤 고정관념에 매여 있는 것은 아닌가 하는 점이다. 부정적이라 느끼는 것은 관심이 교회 안에만, 즉 교인수와 기성 교회의 틀을 유지하는 데만 머물러 있기 때문이 아닌가? 관점을 달리해서 교회 밖으로 눈을 돌리면 달라질 수 있지 않은가?

이미《한국교회 미래지도》저자들은 위기가 도리어 기회가 될 수 있는 가능성들을 그들의 책에서 열거하고 있다. "고도 기술 발전", "현대사회의 위기", "인구 이동", "통일", "교회에 대한 기대" 등이 그것이다.[3] 그런데 이런 기회들의 공통점은 그것들이 교회 안이 아니라 교회 밖에 있다는 점이다. 결국 한국교회의 대안은 교회 안만 보지 않고 밖을 내다보아야 찾을 수 있다는 의미이다. 한국교회의 새로운 미래를 기대한다면 이제 교회 밖으로 나아가 흩어지는 교회가 되어야 한다는 뜻이다.

흩어지는 교회는 물론 모이지 않는 교회가 아니다. 다만 기존의 중심인 기성교회와 다른 새로운 지점들에서 새로운 형태의 공동체들이 형성되고 그 다양한 공동체들을 연결하는 새로운 네트워크가 활성화되는 것을 의미한다. 또한 기존의 목회자와 다른 다양한 배경의 사역자들이 하나님 나라 운동의 새로운

---

3   앞의 책, 79-90.

주체들이 되고, 교회의 성도들이 흩어져 각자의 삶의 영역에서 사역자로서의 역할을 감당하게 되는 것을 의미한다.

내가 간혹 신학교에서 한국교회에 대해 이야기할 때 종종 제자들에게 했던 말이 "한국교회가 이제 에게해를 건넜다"는 말이다. 이것은 물론 사도행전 16장에서 바울 일행이 에게해를 건너 마게도냐에 첫발을 내디딘 사건을 의미하는 말이다. 이전 소아시아 선교에 비해 마게도냐에서의 선교가 다른 점은 더 이상 회당을 중심으로 한 선교방식이 어려워졌다는 것이다. 그래서 바울은 강가나 저잣거리에 나가 사람들을 만났고, 이전과 다른 방식으로 이방인들에게 복음을 전했다. 이러한 새로운 전도는 과거 회당에서 주어졌던 율법선생으로서의 예우 같은 데 기댈 수 없었다. 때문에 많은 새로운 도전과 어려움에 부딪힐 수밖에 없었고, 그것을 극복하기 위한 새로운 방안들이 모색될 수밖에 없었다. 바울이 천막을 만들어 자비를 충당하기 시작했던 것도 아마 이때부터였을 것으로 추정된다.

오늘날 한국의 사역자들은 마치 바울 일행이 처음 마게도냐 땅에 들어섰을 때처럼 큰 적응적 도전을 마주하고 있다. 그러나 이 도전은 위기인 동시에 새로운 기회일 수 있다. 우리가 이제까지 익숙해져 있던 틀이나 태도를 바꿀 수만 있다면 말이다.

《한국교회 미래지도》 저자들이 강조하고 있는 것처럼 변화된 현실에는 변하는 것보다 변하지 않은 것이 더 많고 중요하다. 무엇보다 사역자의 본질은 변하지 않는다. 이 책 역시 변화된 상황 속에서 변함없이 중요한 것들에 대해 강조했다. 힘든 상황일수록 하나님의 얼굴을 찾는 열정의 중요성을 강조하고, 계속해서 성경을 통해 현실을 분별하는 것을 강조했다. 또한 가난한 자들과 함께하는 삶과 그들을 단지 구제하는 일만 아니라 그들 자신이 사역자가 되도록 도전하는 일의 중요성을 강조했다.

그런데 사실 이런 것들은 기성교회에서도 강조해 온 것들이다. 이 책에서 새롭게 말하는 이유는 이전과 달라진 상황 가운데 좀 다른 방식으로 실천되어야 하겠기 때문이다. 다니엘과 세 친구들이 바벨론왕궁에서 그리했던 것처럼 낯선 환경과 하나님을 모르는 사람들 가운데서 하나님의 나라를 구해야 한다. 이전에 교회가 집중하지 않았던 대상, 교회 밖의 대상으로 사역의 중심이 이동해야 한다. 이것이 이전과 다른 점은 목회자의 신분으로 서라기보다는 그 세상 사람들과 같은 위치에서 함께하는 삶이 사역이 된다는 점이다.

날이 갈수록 더 분명해지는 점은 앞으로 우리의 삶과 사역에 있어 이전보다 더 많은 불안과 도전을 마주하게 되리라는 것이다. 이런 현실 속에서 주어진 선택은 이 현실에 대해 눈을 감을 것인가 아니면 과감히 현실을 끌어안고 앞으로 나아갈 것인가 하는 것이다. 분열왕국 말기 우울증에 빠진 선지자들에게 주어진 처방은 역설적이게도 고난이었다. 인정하고 싶지 않지만 아마 이 시대에 주어진 처방도 같은 것이라는 느낌을 떨쳐버릴 수 없다. 만일 그렇다면 믿음의 선진들이 그리했던 것처럼, 또 예수께서 하신 것처럼 용감히 그 잔을 받아들고 앞으로 나아가야 할 것이다.

참고 문헌

* 강석균. "2020년 취업 경쟁률 전년 대비 2배 증가한 36:1⋯ 좁은 문 뚫은 합격자는?" 〈리크루트 타임즈〉, 2020. 12. 22, http://www.recruittimes.co.kr/news/articleView.html?idxno=88032
* 권문상. 《부흥 어게인 1907》. 서울: 도서출판 브니엘, 2006.
* 기독교윤리실천운동. 〈대화모임: 극우 개신교는 어떻게 기독교를 과잉대표하게 되었는가?〉, 2021. 5. 25, https://cemk.org/resource/21584/
* 김성원 기자. "교회분쟁의 해법은?" 〈국민일보〉, 2011. 8. 23, http://news.kmib.co.kr/article/view.asp?arcid=0005281533&code=61221111
* 김영재. 《한국교회사》. 서울: 개혁주의신행협회, 1992.
* 김인수. 《한국기독교회의 역사》. 서울: 장로회신학대학교출판부, 1998.
* 대천덕. *Biblical Economics*. 전강수, 홍종락 옮김. 《토지와 경제정의》. 서울: 홍성사, 2003.
* 목회데이터연구소. 〈numbers〉 제82호(2021. 1. 29), http://mhdata.or.kr/mailing/Numbers82nd_210129_Full_Report.pdf
* 박민균. "한국 개신교, 사회봉사에 가장 적극적이다." 〈기독신문〉 2017. 12. 6, https://www.kidok.com/news/articleView.html?idxno=106771
* 박용규. "평양 대부흥 운동의 성격과 의의." 〈한국기독교신학논총〉, 46(2006. 7): 277-321.
* 박용규. 《평양대부흥운동》. 서울: 생명의말씀사, 2000.

* 방준호. "상위 10% 1인 1억 7천만 원 벌 때 하위 10% 1인은 121만 원." 〈한겨레〉, 2018. 12. 31, https://www.hani.co.kr/arti/economy/economy_general/876363.html#csidxf4fb9daa5156f17b9d0e37de7ed8f7a

* 손운산. "한국 목회 돌봄과 목회상담의 역사와 과제." 〈목회와 상담〉 17(2011): 7-39.

* 안덕수. "한국교회 중년 남성목회자들의 스트레스와 탈진에 관한 연구." 미간행 박사학위 논문, 연세대학교 연합신학대학원, 2009.

* 여인중. 《은둔형 외톨이》. 서울: 지혜문학, 2005.

* 옥성득. "1907년 평양 대부흥운동 다시 읽기." 〈기독교사상〉 725(2019. 5): .

* 윤정란. 《한국전쟁과 기독교》. 서울: 한울아카데미, 2015.

* 이우진. "한국의 소득과 자산의 불평등: 현황과 과제." 〈정부학연구〉 24(2018): 29-59.

* 이현주. "쪼개져 사는 대한민국… 가구수 2000만 넘었다." 〈한국일보〉, 2018. 8. 27, https://www.hankookilbo.com/News/Read/201808271408090717

* 임세흠. "한국 직장인 스트레스 세계 최고." 〈KBS News〉, 2007. 5. 17, https://news.kbs.co.kr/news/view.do?ncd=1356510

* 장병욱. 《한국감리교여성사》. 서울: 성광문화사, 1979.

* 장창일. "빠르게 느는 '이중직 목사'… 교단들 '허용 법제화' 논의 활기." 〈국민일보〉, 2021. 6. 29, http://news.kmib.co.kr/article/view.asp?arcid=0924198303&code=23111113&sid1=chr

* 齋藤環. 社会的うつ病. 이서연 옮김.《사회적 우울증》. 서울: 한문화, 2012.

* 정연승. "2020년 한국교회의 사회적 신뢰도 여론조사 결과 분석." 〈2020년 교회의 사회적 신뢰도 여론조사 결과 발표 세미나〉, 기독교윤리실천운동, 2020. 2. 7: 58-87, https://cemk.org/resource/15704/

* 정재영. "가나안 성도 신앙의식 및 신앙生활 조사 발표." 〈가나안 성도 신앙생활탐구: 2018 연구 세미나〉, 실천신학대학원대학교 21세기교회연구소, 한국교회탐구센터, 2018. 12. 3: 5-84, http://tamgoo.kr/board/bbs/board.php?bo_table=a_project_1_2&wr_id=95&wr_1=

* 정재영. "코로나19, 청년, 기독교(1): 변화하는 청년들의 안과 밖." 〈코로나 시대, 기독 청년들의 신앙생활탐구: 2021 기독 청년의 신앙과 교회 의식 조사 세미나〉, 21세기교회연구소, 한국교회탐구센터, 목회데이터연구소, 2021. 1. 26: 3-49, http://www.tamgoo.kr/board/bbs/board.php?bo_table=b_resources_2_1&wr_id=140&wr_1=

* 조성돈.《한국 교회를 그리다》. 서울: CLC, 2016.

* 조준영. "(지령 2000호 기념 목회자 의식 조사) 목회자 자질, 목회 어려움." 〈기독신문〉, 2015. 2. 26, https://www.kidok.com/news/articleView.html?idxno=90505 .

* 조창훈. "정동영-경실련, 국민 70% 땅 한 평도 없어…상위 10%가 84% 토지 보유." 〈나눔일보〉, 2017. 3. 13, http://

www.nanumilbo.com/sub_read.html?uid=13040

* 최윤식, 최현식.《2020-2040 한국교회 미래지도 2》. 서울: 생명의말씀사, 2015.

* 크리스천투데이. "교회분쟁의 핵심요인은 '행정'과 '재정' 전횡."〈크리스천투데이〉, 2019. 1. 25, http://www.christiantoday.us/25733

* 통계청. "2020년 주택소유통계 결과."〈국가통계포털〉, 2021. 11. 16, http://kostat.go.kr/portal/korea/kor_nw/1/10/4/index.board

* 통계청. "2021년 2/4분기 가계동향조사 결과."〈Income소득〉 보도자료, 2021. 8. 19, https://kostat.go.kr/incomeNcpi/income/income_ip/1/1/index.board

* 片田珠美. 一億總うつ社会. 전경아 옮김.《배부른 나라의 우울한 사람들》. 서울: 웅진지식하우스, 2016.

* 한국기독교목회자협의회,《한국기독교 분석리포트: 2018 한국인의 종교생활과 의식 조사 1998~2018》. 서울: 도서출판 URD, 2018.

* 한국기독교역사연구소.《한국기독교의 역사》. 서울: 기독교문사, 1994.

* Durkheim, Emile. *Le Suicide*. 황보종우 옮김.《(에밀 뒤르켐의) 자살론》. 서울: 청아출판사, 2008.

* Gore, Bruce W. *Historical and Chronological Context of the Bible*. Bloomington, IN: Trafford Publishing, 2010.

* Green, Barbara. *Jonah's Journey*. Collegeville, MN: Liturgical Press, 2005.

* Heifetz, Ronald A. and Linsky, Marty. *Leadership on the Line: How to Stay Alive through the Dangers of Leading.* 임창희 옮김. 《실행의 리더십》. 서울: 위즈덤하우스, 2006.

* Hobbs, *T. R. 2 Kings.* 김병하 옮김. 《열왕기하: WBC 성경주석 13》. 서울: 도서출판 솔로몬, 2008.

* Kah-Jin Kua, Jeffrey. *Neo-Assyrian Historical Inscriptions and Syria-Palestine: Israelite/Judean-Tyrian-Damascenc Political and Commercial Relations in the Ninth-Eighth Centuries BCE.* Eugene, OR: Wipf and Stock Publishers, 1995.

* Keller, Timothy J. *Center Church.* 오종향 옮김. 《팀 켈러의 센터처치》. 서울: 두란노, 2016.

* Mitchell, Stephen A. and Black, *Margaret J. Freud and Beyond.* 이재훈, 이해리 공역. 《프로이트 이후》. 서울: 한국심리치료연구소, 2002.

* OECD. "Average annual hours actually worked per worker." OECD.Stat, https://stats.oecd.org/Index.aspx?DataSetCode=ANHRS (July 2021).

* Paton, Lewis B. Paton. "The Religion of Judah from Josiah to Ezra." The Biblical World 11(6), Jun., 1898: 410-421.

* Piketty, Thomas. *Capital in the Twenty First Century.* 장경덕 외 옮김. 《21세기 자본》. 서울: 글항아리, 2014.

* Rainer, Thom. S. "Ten common pastoral care challenges pastors face." Church Answers, May. 22, 2019, https://

churchanswers.com/blog/ten-common-pastoral-care-
challenges-pastors-face/.

∗ Rainer, Thom. S. "Ten reasons it is more difficult to be
a pastor today." Church Answers, May, 1, 2017, https://
churchanswers.com/blog/ten-reasons-difficult-pastor-today/
comment-page-1/.

∗ Ricœur, Paul. *Temps et Récit I*. 이경래 옮김. 《시간과 이야기 1》.
서울: 문학과지성사, 1999.

∗ Singer, Isidore and Seligsohn, M. "Tarshish." In
Jewish Encyclopedia, 2022년 1월 31일 접속, https://
jewishencyclopedia.com/articles/14254-tarshish (2022년 1월
31일 접속).

∗ Stuart, Douglas. *Word Biblical Commentary Hosea-Jonah*. 김병하
옮김. 《호세아-요나:WBC 성경주석 31》. 서울: 솔로몬, 2011.

∗ Walton, John H., Matthews, Victor H. and Chavalas, Mark W.
The IVP Bible Background Commentary: Old Testament. 《IVP
성경배경주석: 구약》. 서울: IVP, 2001.

사진 자료

* 10, 엠마오 마을로 가는 두 제자, https://commons.wikimedia.org/
  wiki/File:Rembrandt_Christ_with_two_disciples.jpg
* 53, 갈멜산에서 내려다본 이스르엘 평원, 저자 촬영
* 67, 니느웨성의 왕실정원, https://commons.wikimedia.org/wiki/
  File:Gardens_of_Ashurbanipal.jpg
* 103, 1970년대 판자촌 교회에서 기도하는 여성, 노무라 모토유키
* 114, 아르가만 길갈 유적, https://commons.wikimedia.org/wiki/
  File:Gilgal_Argaman.JPG
* 115, 엘리야의 마지막 행로, https://www.freebibleimages.org/
  illustrations/israel-blank-maps/
* 129, 앗수르의 정복전쟁, https://pixabay.com/ko/photos/런던-
  영국-박물관-미술-5220552/
* 141, 고대 이스라엘의 저장용 항아리들, https://
  commons.wikimedia.org/wiki/File:Eretz-Israel-Museum-
  ceramics-pavilion-storage-jars-40154.jpg
* 162, 살만에셀 3세에게 항복하는 이스라엘왕 예후, https://
  commons.wikimedia.org/wiki/File:Jehu-Obelisk-cropped.jpg
* 169, 2020년 대한민국 연령별 인구분포도, https://sgis.kostat.go.kr/
  jsp/pyramid/pyramid1.jsp

사람이 좌절된 교회

The Frustrated Church

지은이 이재현
펴낸곳 주식회사 홍성사
펴낸이 정애주
국효숙 김은숙 김의연 김준표 박혜란 손상범
송민규 오민택 임영주 차길환 허은

2022. 6. 22. 초판 1쇄 인쇄   2022. 6. 29. 초판 1쇄 발행

등록번호 제1-499호 1977. 8. 1.
주소 (04084) 서울시 마포구 양화진4길 3   전화 02) 333-5161   팩스 02) 333-5165
홈페이지 hongsungsa.com   이메일 hsbooks@hongsungsa.com
페이스북 facebook.com/hongsungsa
양화진책방 02) 333-5161

ⓒ 이재현, 2022

• 잘못된 책은 바꿔 드립니다. • 책값은 뒤표지에 있습니다.

ISBN 978-89-365-0382-6 (03230)